思想觀念的帶動者

文化現象的觀察者

本土經驗的整理者

生命故事的關懷者

心靈工坊 PsyGarden

Caring

生命長河，如夢如風
猶如一段逆向的歷程
一個掙扎的故事，
一種反差的存在留下探索的紀錄與軌跡

與自己相遇

家族治療師的陪伴之旅

賴杞豐 著

Meeting The Self

a healing process with a family therapist

目錄

Part II

引導

Part III

陪伴

Part IV

重塑

Part V

體悟

一雙擁抱人間的老繭手

楊蓓（法鼓文理學院副教授）

賴杞豐（Jerry），是個傳奇，終於出書了。

本以為這是一本自傳，看了之後才發現這是他多年來的工作心得。像一個離家多年的遊子，用一雙歷盡風霜的雙手，捧著這些無形的珍寶，帶回給家人分享。

讀內文期間，腦海還會浮出他時而喟嘆、時而得意、時而哽咽的表情，無限唏噓。多年來，總在他出外雲遊回台時，相約喝咖啡，聽著他或眉飛色舞，或深情款款，或感慨萬千地敘說在外的種種境遇，深深感受他在生命的轉折中，走進家族治療的滿足。這一門技藝，是他尋找生命出路中，用以安定自己，也回饋這個時代的獻禮。

唯有經歷苦境的人才深知苦為何物。年少時心裡的漂泊無依，渾然不覺，反而扛起照顧家人的責任，其中的艱難，總是在滿足他人和希冀天下太平之間擺盪，讓我想起常在治療現場聽到的一句話：只要全家平安無事，我才心安。走過一些歲月的人都知道，全家人即使平安無事，畢竟是多少的逐浪起伏之後的福德因緣所致。可是Jerry一番領悟之後，決定帶著自己的心酸，去擁抱更多人的辛酸，化淚水為清醒的引介，重新燃起前行的力量，在亦師亦友的道路上，互相為伴。

江湖永遠都存在，也永遠是最接地氣的，Jerry是江湖中人，獨樹一格的治療手法，有時舞大刀，有時細繡花，撩撥著在人生舞台上受苦的人，在嬉笑怒罵間，讓人丟盔棄甲，臣服在娑婆世界的不得不。他前半生的經歷，讓他在提起放下之間增添了直面逆境的坦然和勇氣，因此學院派的人可能無法領略各種不按牌理出牌的痛快，因為他心中自有洞天，可以容納五湖四海。所以他的書中硬要歸納出「外遇」、「掌控」等等專業視角，我頗不以為然，只期許他下一本書可以用賴氏風格的語言來說故事。

這是一個華人文化尚未找回自信的年代，Jerry承襲幾位西方家庭治療前輩的教導，為了承諾，兢兢業業遊走在個人風格與西方思維之間，希冀在傳統家庭文化之間注入「成為自己」的元素，為現代家庭在不中不西之間找一條平衡的出路，我想，這是我輩華人治療師無法迴避的宿命，因此我反而在他的書中，不時敏覺到家人關係中的「安忍」與「圓滿」。Jerry用一雙繭手挽著雙方，秤斤論兩的討價還價，「成為自己」只是過程，到頭來雙方會領悟到關係要走向整合，學習到的是如何不委屈自己的智慧，這又何嘗不是華人治療師在本土化過程中所體現的智慧。

這本書是個逗點，希望還有下一個逗點，因為有人就有江湖，江湖中人才能擁抱江湖。

我們共同的願景

林麗純（華人心理治療研究發展基金會家族治療師）

Jerry 要出書，傳來訊息：「希望你寫點東西，罵我也行。」按我對他的了解，這句話可翻譯成：「別管我，你想怎麼寫就怎麼寫！」他希望我可以自由的寫，我卻一點也不覺得自由，認識 Jerry 超過二十年，我要寫什麼好呢？

過去十多年，每年大半的時間他人都在大陸工作，等過年過節或累了才返台休息，他回來總想辦法跟我見面聊聊。我們在專業上曾經是同修的夥伴，瑪莉亞．葛莫利（Maria Gomori）、約翰．貝曼（John Banmen）和李維榕是我們共同的老師，後來他跟著前二者學習薩提爾模式多，而我跟著李維榕學習家族治療久。因著共同的語言，我們聊自己也交流專業，他最熱衷分享的是雕塑的歷程，他如何評估、構思、介入與結果，每每聽得我好奇不已，巴不得親臨現場探探究竟。

二〇一五年八月他在南投日月潭進行四天三夜的工作坊，這是他在大陸一個家庭重塑學習班的課程之一，除了幾位在實踐大學修過他的課的學生，從大陸各省來了約二十位學員，我也應邀觀摩參與。我們紙上談兵多年，這次終於有機會經驗 Jerry 的實務工作。第一天從台北一早趕到會場，我已經感受到特別的團體氛圍，有人稱他老爹，有人叫他娘，自發的稱爹叫娘傳達的是赤裸的真情。我不清楚這是不是大陸同胞習以為常的表達方式，還是 Jerry 對他們的工作給他們這種觸動。心理治療模式裡，有講求修復個案內在小孩創傷的工作，其中一個方式是 reparenting，意指治療師在治療中為個案創造一個可信任、安全的關係，就如孩子成長所需的滋養關係，個案最終得以學習 reparenting 自己。白話一點講，就如治療師變成再生父母一般，陪伴個案經驗過往的創傷，給予同理、接納與支持，協助個案重新拾得對人與自己的信任與希望感。但學院派的心理治療師講求的是與個案維持適當的界限，考量的點大抵是，為創造治療關係中的安全性與可預測性、保護個案不受治療師潛意識需求所利用、避免個案為了維持與治療師之間的友好關係而委屈自己，或支持個案為自己的人生負責等等。所以學院派的心理治療師只允許自己暗中當滋養的父母，果真被個案叫爹娘，大概要心驚膽跳的撇清、畫界限，但江湖派的 Jerry 一派氣定神閑，再自然不過的樣子！

四天工作坊中我看到的 Jerry 就如我認識多年的他，他時而嚴肅、時而溫柔，下一秒鐘可能嬌嗲作態，或酸人或損人，轉眼間又熱淚盈眶、嘻笑怒罵，他一直是這麼真性情。當然真性情在某些脈絡下是讓人很不舒服的，但也讓人可以信任，因為透明，他不必完美，也許這就是他的魅力！我一方面享受團體中自由溫暖的氛圍，一方面欣賞 Jerry 如行雲流水般的工作，見證他多年專注投入的成果。

多年來，我在台灣投入心理諮商專業團體，關注專業養成與公共事務的接軌，常面對怎樣的專業訓練才足以應對一般人所需的心理服務的議題。隨著公私部門開始重視心理健康，心理師這個行業變得熱門起來，我看著優秀、認真的年輕人一波一波投入，心想他們有限的人生閱歷要如何貼近一般人生活中不同的難處。而大學研究所因應國家考試的方式，課程變得千篇一律，難以跟上社會脈動。心理諮商與心理治療是一門結合專業與自我的技藝，目前國家考試用紙筆測驗篩選，就像是開車不必路考拿駕照，只需紙筆測驗即可上路一樣荒謬。

兩年前某日我和 Jerry 如往常約喝咖啡，聊著聊到專業助人者即使工作模式不同，仍需具備一些共通的條件，看他講得認真，我開玩笑的請 Jerry 老師開講，他娓娓道來從事這項行業的初心、個人特質、人生閱歷和理論基礎與訓練的重要性，其中前三項都與助人者這個人有關——我很高興 Jerry 終於將他所知所學的一部分化為文字，這本書不僅如實呈現他作為促發個案改變之媒介的這個人，也鮮活地呈現他如何用「自己」與個案工作。

心理治療師不必是完人，但需要覺察、審視自己對治療的影響，做出對個案有益的回應。至於如何訓練這項能力，是我和 Jerry 共同的願景。

又輕盈又厚重的靈魂

劉丹（北京清華大學學生心理發展指導中心副主任）

Jerry 是我的好朋友，有一天突然發來書稿，邀請我寫序。

我津津有味地讀了十幾頁後，突然就迷惑起來。我突然就覺得，這十幾萬字的書稿，一定不會是 Jerry 寫的。所有這些動人的文字、精準的細節、清晰的邏輯、深入的思考，怎麼會是 Jerry 寫的呢？不是說 Jerry 沒有能力寫出來，而是說，我認識的 Jerry，根本就不會去寫啊……

永遠，在我的眼裡，Jerry 不是在做工作坊，就是在去工作坊的路上。自從二〇〇四年，Jerry 開始來中國大陸講課，十幾年來，他已經在中國大陸除了海南之外的所有各省做過培訓。每每聽到他的消息，不是在上課，就是在和助教們討論課程。到哪裡開會，有 Jerry

來，就會有他的學生來接他、陪他、送他、送花、泡茶、吃飯、聊天；就會有學生分享說，Jerry 老師如何點醒了自己、激發了自己、感動了自己、重塑了自己……這些，讓我這個大陸人，總是在愈發敬仰他的同時，一再偷偷地心生嫉妒。

而在我的心中，Jerry 令我印象深刻的，也是永遠的日程滿滿、能量滿滿、關愛滿滿、支持滿滿，似乎永遠沒有停歇。大概八、九年前，台灣知名的精神科醫師王浩威陪我和幾個朋友在日月潭放鬆的時候，突然說：「我明天臨時有事，Jerry 會來接替我陪你們。」而隔天早晨，就在山路那邊，準時走過來了 Jerry。看著他高大的身軀，從路的盡頭一步步走近，我有點恍如隔世的感覺，彷彿他是從天上掉下來一般。而前一天，他還在忙著自己研究所裡的課程，一直到很晚很晚。

來了的 Jerry，就全然地來了。請我們吃飯喝酒，陪我們喝茶聊天，講故事，說歷史。有 Jerry 的日子，從來都是熱鬧的、溫暖的、踏實的、豐盛的、有趣的、自在的。我們分享自己生命中的悲歡喜樂，傾吐工作中的煩惱收穫，一起靜默沉思，又一起開懷大笑。無論生活有多麼複雜，工作有多少壓力，跟 Jerry 一起交流的時候，我總覺得，心緒是飛舞的，靈魂是輕盈的。

Jerry 在書中寫到：「我希望把自己所學與別人分享，多數所教的都是我生命裡真實的經驗，希望對別人的生命也有所啟發。」這讓我想起來，他如何用生命裡真實的經驗，帶給我的生命重要的啟發。有天下午，我在日月潭雲品酒店的游泳池裡獨自一人遊了半個小時。Jerry 從朋友那裡得知我只有一個人，就下來陪我一起游泳。他問我感覺怎麼樣？我興奮地告訴他說：「剛剛偌大的游泳館裡，只有我一個人游泳，特別享受，特別自在，我感覺特別好。」晚飯後，我們在花園裡散步時，Jerry 輕輕地對我說：「你知道嗎？當我去陪你游泳的時候，你告訴我，你一個人游泳，感覺特別好。」那一刻，彷彿有一隻手，在我永恆的小宇宙裡打開了一扇窗，頃刻間，有一束耀眼的光照了進來！我平生第一次清晰地意識到，從小孤獨的我，是怎樣不經意地，在努力和朋友分享美好體驗的同時，又似乎把好意關心我、靠近我的人向遠處推開了。

Jerry 是個值得信賴的存在。他的回饋，沒有讓我不安，反而讓我感到我被他信任，他也值得我信任。那一刻，從自我反思和成長的心路中跳脫出來，我感受到的是他心靈的厚重，大地一般的厚重——托得起我與生俱來的孤獨與哀傷，並照亮了我的自我探索之路。這正如他在書中所說：

點化

在個案浮沉的生活日常
用幾句話點出烏雲蔽日的關鍵處
日子於是見得到光了

Jerry從來不單獨講解理論，也不用各種名詞術語妝點教學。他做了大量的現場個案工作，讓學員有機會親眼看到個案處理的全過程，這是極具挑戰性的教學方式。面對不同個案，Jerry的處理手法豐富，風格多變。他自己說：

我有時柔，有時強硬、有時溫暖，有時憤怒，都是以自己的判斷做出「當下」最能幫助個案的方法為首要。如果個案需要，我也會什麼話都不說，安靜地陪著。

我相信，因為我知道。多年來，我們每次見面，他時而溫柔如水地唱戲給朋友聽，時而大氣如山地做事去推動工作，時而為困難中的朋友送上溫暖，時而為不公平的社會現象表達憤怒。而當我憂鬱悲傷的時刻，他真的會什麼都不說，只安靜地陪伴著。他高品質的陪伴，讓我可以從中獲得支持和力量，讓我在後來的日子裡，回憶起來，永遠都感到被溫暖，感到被關愛。

寫到這裡，我突然意識到，第一次見到 Jerry，應該是二〇〇四年瑪莉亞・葛莫利老師第一次在北京舉辦的工作坊上。當時，我帶著個案來接受督導，Jerry 在瑪莉亞旁邊做翻譯。他身材高大、相貌帥氣、聲音動聽，在女性占絕對多數的幾百人培訓班中，不可避免、無可救藥地成為焦點。然而，在瑪莉亞開始講課後，Jerry 立刻奇蹟般地隱身了，他只是語義精準、言辭簡潔地傳遞了老師的思想，再也沒有任何多餘的動作和語言，讓我從老師的課程中分神出來。所以，我相信，Jerry 確實有能力判斷並提供「個案」當下所需要的方法，而不是有能力「展示自我」。

在這本總結了自己多年工作心得與經驗的書中，Jerry 結合眾多案例的情形，分享了「點化」、「引導」、「找回自己」、「跟過去告別」、「陪伴」等諸多心理治療的理念和技術運用過程。透過所有這些案例的工作片段，我看到的是，Jerry 的專注能力。無論是輕盈地引導和點化，還是厚重地探索與陪伴，Jerry 都和個案全然地在一起，全身心投入到個案的生命故事中。這份專注的能力，令我感動，也幫助我可以理解到，Jerry 是會安靜地坐下來，寫出這樣一本美好的經驗總結和智慧結晶來，讓更多的人分享。

當 Jerry 專注於自己的工作中時，他的努力和創造力是驚人的。他四十歲開始學習心理治療，五、六年後就開始帶團體，工作很快得到老師、同行和學生的認可。現在，我也相信，他的這本凝結經驗和智慧的書，一樣會得到大家的認可。憑著自己的努力與實力，行走江湖。他已經做了不少利益眾生的工作，這本書，一定會給更多的人帶來對生命的深思和啟發。

無盡的感謝

翻遍書櫃上所有典籍的自序，無不是興奮、感動莫名、侃侃而談，我卻由於自身的自卑、害羞，轉變而成的孤傲與不屑，反而如履薄冰，不知怎樣才最適確。

早年的機緣，沒有能力一路在學術殿堂學習；幾近中年，因工作關係，才展開對自己以及專業的探討。不料無心插柳，有緣走上心理及家庭治療的道途。將近三十年的浸泡，追隨老師瑪莉亞・葛莫利（Maria Gomori）前進泰國、新加坡和大陸等地，從助教到即席翻譯，進而教授體驗性的自我成長及家庭治療。藉由所受的各種專業訓練課程的證書，進一步取得加拿大國際學院（Canadian International College）與斯里蘭卡公開大學（Open University of Sri Lanka）合頒的博士學位。即使不見得被學術單位所認可與接納，不可否認，有了這個頭銜方便許多，憑著自己的努力與實力，還是行走江湖，自以為做了不少利益眾生的工作。

二〇〇四年，我隨著老師到大陸，原來只是單純陪伴年紀不小的她，機緣巧合成了即席翻譯，進而開始教學工作。十幾年來陪伴了各式各樣的家庭，簡直就是多變的萬花筒，雖然各有其獨特的展現方式，細看卻又如此相似的千絲萬縷，更是深切感受到家對人一生的影響。遺傳固然是人生的部分，但也有相當高的百分比是來自家庭的耳濡目染，不自覺的在時間的洪流裡，逐漸內化成為生活中的習性。特別在面對壓力時剎那間的即時反應，經常重複的是過去不經意的學習。

這些年，工作的範疇遍及城鄉，到今年為止，除了海南，已經行遍神州大地，來上課的學生自一般普羅大眾到學校老師、精神科工作人員等，也有幸在研究所裡兼任教職。這段期間總覺得是不是該把這些經驗分享出去，或許多少能對某些人起一個反思的作用，也說不定能幫助人們開啟另一面向的思考？

實務工作我比較擅長，書寫成書卻是天敵。要如何把這麼多相似又不同的故事揉在一起，不失真實卻又能顧及他人的隱私，實在是一件大工程；生命的故事，本多相似，你硬要在某個故事中對號入座，是誰也無法否定的。幾次都想放棄，不願意好心做壞事，是幾個好友催促，只好硬著頭皮把經驗分享出來。

感謝許多朋友的支援，願意讓故事在修剪後與大家共用，也希望他們的慷慨奉獻，能引起某些人的共鳴。特別是書後收集的幾篇學員們的回饋，都得到他們的允許，得以在書中呈現；再次閱讀，自己老淚縱橫！

這本書的生成，好多人要感謝。

首先，感謝莊慧秋。她理解我對書寫的恐懼與無能，幫我找到陳芸英，替我為故事建構初稿。

芸英的文筆細緻、樸實是我喜歡的，但她對心理治療不熟悉。一年多的時間裡，我們喝遍大街小巷好喝的咖啡，每次我細說各種故事的過程，她細心地幫我把骨架建構起來，我再依據她的骨架，慢慢地，一步步把血肉鋪陳上去，來回琢磨，怎樣才適切。期間有不同見解，總能討論、修正，用我的專業與語言把故事給完成，她尊重，也能適時提點。沒有她，根本就沒有成書的可能。

好友周旻君答應編輯此書，更加穩住我忐忑不安的心情，多年的朋友，她懂我的「怪」，全力幫我潤飾把關，當她把編輯好的初稿要我校對時，一口氣看完的我，已是淚眼婆娑，情緒激動不已！告訴旻君說出版吧，至少它已經感動我自己了！

讀著稿子，每一個故事活生生的畫面浮現眼前，在生命交會的時刻，每一個痛都是如此真實，相互共振，與其說我幫了他們，更不如說是他們教會了我看到生命百態，真真正正體會到教學相長。課程結束時我經常對學員深深鞠躬，感謝他們的信任與分享，讓我有更多的學習可以幫到他人。

把故事變成文字，字句斟酌，深怕一個閃失對故事的主人不敬，更不希望因此扭曲或是曲解。書寫不是滿足個人的需要，而是願意藉由這樣的方式，傳遞一些生命的共性以及改變的可能。相信還是會有百密一疏，無法盡善，期待能得到理解。

書完成了，胸中情感波瀾。

如果說對於此書的出版有所期許，也許就是無功無過，盡量少錯，能為有緣人提供個人的實務經驗，還有一些不同的可能，去面對生命。在每個當下，所有的人都是對的，互動中如果堅持自己的對，缺乏好奇的眼光，有可能兩個對的人會促成一個錯的家。家是人生成長的第一個重要處所，一個良好的家庭（夫妻）關係，是孩子們最好的學習榜樣，也是給孩子最重要的禮物。

行筆至此，我還是要感謝生命的幾個重要他人。

最早是民歌詞曲創作人兼歌手蘇來，在我工作壓力大時推我進入心理探索的路途。

後來幸運地遇見了我的再生父親——加拿大海文學院（The Haven Institute）的黃煥祥先生（Bennet Wong M.D.），是他的啟蒙，讓我看到家庭對人的影響至深，從此走上探索自己與家庭的不歸路。

瑪莉亞老師，亦師亦友，早期如忘年莫逆，相互陪伴各地教學，野雞博士學位也是她跟我的伴侶黃明忠先生一路陪伴，逼迫出來的。

不可不提的還有李維榕。當年仰慕她對家庭治療專業的神奇，與伴侶遠至紐約，坐在結構大師米紐慶（Saluador Minuchin, 1921-2017）位於紐約的家族治療中心辦公室，誠摯邀請老師到台灣開設培訓家族治療的專業課程。期間她的嚴厲與刻薄、挑剔，是我專業學習最重要的里程碑。有瑪莉亞老師的溫柔呵護、維榕的嚴厲教誨，猶如嚴父慈母在專業與生活中給予我最大的幫助。

約翰・貝曼（John Banmen）是教我薩提爾學問的另一個老師，他清晰的理論教學，使我獲益良多，早期跟隨時，瑪莉亞與貝曼都極其信任地在他們的工作坊中給出機會讓我試教，並從旁監督，學習的過程中我更覺得像個幸運的學徒而不是學生。

遇見敘事治療的麥可・懷特（Michael White）與吉兒・佛瑞德門（Jill Freedman），深深覺得敘事的世界觀開啟我對治療的另一個重要視窗，更加尊重案主，更多的陪伴與跟隨。

實踐大學謝文宜與高雄師範大學丁原郁教授最早的信任，提供我教學機會，我才有機會回到台灣，與學生教學相長。

文中每一位缺一不可，沒有他們，就不會有我今天的經歷，在此獻上我最誠摯的感謝。

對自己我已滿意，也相信會有不同的聲音，秉持著誠懇，真心接受所有一切的可能！

我從來沒想到會當治療師

一九九一年十一月二十三日我經營的酒吧重新開幕，從迪斯可餐廳轉型為酒吧，年近四十的我，把這家店經營得風風火火。

當時我飽嘗各方壓力，心情不佳，表情異常嚴肅，員工怕我，都覺得我怪，沒人敢親近我。蘇來是我過去的工作夥伴，我們有兄弟般的交情。有天他說：「二哥，有一個加拿大的心理學專業團隊要來台灣教授個人成長課，建議你有空去上上……」

「二哥」是我的綽號，英文名字叫 Jerry，很少人叫我的本名「賴杞豐」。

上心理成長課？有病啊？

「有病啊？有問題的人才需要接受治療，我去上這個課幹嘛？」我頂了回去。

雖然這樣回他，但那段時間我身心俱疲，決定給自己放五天假，一時之間不知道該去哪裡，於是就接受他的提議。

那是個五天四夜的工作坊，兩位加拿大教授帶著他們的團隊來台授課，食宿在陽明山山腰上，當時一萬多的學費，老實說並不便宜。

成員來自四面八方，有大學教授、精神科醫生、心理專業人員，還有各行業老闆、家庭主婦……上課之始，老師問每人：「你來做什麼？」「你期待什麼？」幾乎每人都侃侃而談。其中一位大我十幾歲的公司老總，個性特立獨行，沒和大夥坐在一起，大剌剌地說：「我來休息呀！」他一語戳中我的心裡，我也是上班很煩，像偷溜出來看場電影似的，並不期待從這裡學到什麼。

我人在心卻不在，但有個「遊戲」吸引了我的注意。

老師要大家學狗，在團體中彼此互動，頓時「汪汪汪」的聲音此起彼落，我覺得荒謬至極，完全無法苟同。我坐在遠處，心想，花這麼多錢，卻遭你們這些人戲弄，真是誤上賊船了。但見大家玩得不亦樂乎，互相取笑對方，我很納悶，為什麼這些人可以叫得這麼開心？

接著扮演雞，所有學員很投入，一點都不在乎，現場一片歡笑，而我仍然無法融入。更過分的是扮猴子時，一位女老師竟拿一根香蕉到我面前晃動，示意我加入遊戲。頓時我非常氣憤，有出拳揍人的衝動，但我忍著，拚命壓抑自己。最後扮演鳥的時候，不知怎的，我覺得自己像一隻鶴，我閉起眼睛，想像自己振翅凌空，自在飛翔。

遊戲結束分組分享時，大家都談各自的覺察、體驗、學習……還有童年。當他們談得很快樂時，我卻胸口一陣疼痛，突然哭了起來，眼淚像潰堤的洪水，伴隨一個聲音——天啊！我沒當過孩子。

沒有童年的孩子

民國四十年，我出生在一個有九個兄弟姊妹的家庭，排行老么。

自有記憶始，我就與父母擠同一張床，睡在他們身邊，從小聽到的都是貧窮家庭缺錢、生活的困頓和無盡的嘆息……

十四歲念初一那年，父親突然中風過世，沒有留下隻字片語。父親是一個很愛面子的人，即使家裡再窮也一定會借錢讓我讀書，隨著他的離去，我覺得我的天塌下了。

我開始半工半讀，除了養活自己，交了學費，還拿錢補貼家用。三十二歲時母親過世，我以為責任已了，其實不然。

多年以後，我才了解，早在父親過世那一刻我就踏進「成人」的角色，不知不覺中承擔起家的責任。

那堂心理成長課我哭得很悲傷。回憶過去，最常聽到的就是別人的讚美：「這孩子很乖！」那個「乖」代表我竭盡所能地去做符合大人期待的事，早已失去了自己。

我除了發現自己沒當過孩子，也沒能讓我女兒當個孩子，因為我不知道該怎麼當個父親。我從父親那兒學會的就是嚴厲的眼神，因此當女兒的表現不滿我意時，我一眼「橫」過去，「瞪」一下，她就嚇死了。

此外，工作坊還有一堂課是「冥想」。我們在老師的引領下回到童年。我走過兒時熟悉的道路回到老家的房子，當我看到七、八歲的我，一個人怯生生、孤零零地躲在屋子牆角，沒有人理會，看起來是那麼的孤單無助，我抱著年幼的自己哭得肝腸寸斷。這課程讓我經歷前所未有的震撼，也體驗到家庭對人的影響。

課程結束後回到現實，我甚至無法忘掉那個「小孩」。

原來四十歲的我，還有這麼多對自己不知道的部分。

離開前，一位精神科醫師捶了我一下，以開玩笑的口吻說：「Jerry，你好幸福，第一次來就有這麼多收穫，又哭又笑，我好羨慕、好嫉妒！」

在那個課程中，我發現一個人的成長與家庭息息相關，而且根深柢固地伴隨著生命，從家庭延伸到學校、職場，還有組成的家庭。那些如影隨形的模式，過去都以為是遺傳；不可諱言人的一部分來自遺傳，爸爸媽媽都希望把自己的優點遺傳給下一代，特別是獨一無二的特質。後來慢慢地才知道，許多是不知不覺中的潛移默化與學習。

身體是一個很重要的儲存容器，兒時成長過程的點滴，都留存在記憶裡。多年後，我發現自己面對壓力時，會不自覺地做出與當年相似的反應。這個發現讓我對與家庭有關的成長課程十分著迷，我從此開始參與各種與家庭有關的成長與專業訓練課程。

人的三度出生

瑪莉亞．葛莫利，一個匈牙利裔的加拿大人，也是薩提爾女士的嫡傳。在接觸成長課程的隔年我遇見了她，帶著對大師的憧憬與對家庭的困惑，我借用「義工接待」的身分，想得近水樓台的方便，沒想到卻碰了一鼻子灰。即使如此，這並沒有擊退我學習、認識家庭的決心。

認識之初，瑪莉亞已過古稀，大我三十。跟隨著她從成長到專業學習多年，不論哪方面，她都是我非常重要的一位老師。

我從沒想過成為一個治療師，學習是為了把自己從牢籠裡釋放出來。在學習近五年之後，開始有人邀我帶團體課，那年我四十六歲。

第一堂課只有七個人。上課前我非常緊張，煩惱很多，為了半天的課花好幾天準備內容，思來想去，還問了瑪莉亞老師：「這樣做那樣做可不可以？」老師回答我：「你那些內容可以講一個禮拜了。」

課程順利結束，學員的反應不錯，我鬆了一口氣。沒想到在走回家的路上，鬆弛的心情竟讓大便拉在褲子上——這就是我第一次帶團體的心情，不管歷經多少年，仍記憶猶新。

再之後的課程，瑪莉亞不但來看我上課，還在課堂上幫我。

不能滿足的我，繼而學習了結構學派、敘事治療，也涉獵客體關係、系統與精神動力等各種不同與家庭有關的學派，同時我也參加心理劇、完形、催眠等各式學問的學習。

還記得我第一次聽瑪莉亞老師談維琴尼亞．薩提爾（Virginia Satir, 1916-1988）「三度出生」的概念，甚是觸動。

當父母的精子和卵子結合的那一刻，生命已經開始。這與古老的中國文化，人以「虛歲」計算年齡吻合。懷胎十個月，大約兩百八十天。胎兒在子宮內，透過母親情感波動與外界交流，也開始發展自我價值的認同。一個開開心心的母親，肚裡的孩子也會快快樂樂；一個悲傷缺乏自信的母親，肚子裡的孩子想必也受影響。很多父母希望兒女成龍成鳳，早在肚子裡就已經給孩子各種不同的胎教，這是薩提爾女士說的「第一度出生」。

嬰兒離開母體，來到人世間，生存完全依賴照顧。餓的時候哭、病的時候鬧、開心就笑，真情至性，從無虛假。他們藉由成人的世界，漸漸地知道什麼是對的，什麼是錯的，什麼是好的，什麼是壞的，什麼是可以的，什麼是不可以的，怎麼做才能討得認同，博取歡心。為了求生存，他們需要在某種程度上適應這個系統，有時敏感地討好他人，有時聲嘶力竭地發脾氣，逐漸發展出「心口不一」的各種溝通姿態；他們也知道用什麼可以得到最大的好處，來滿足自己的需求，用習以為常的溝通姿態，內化成身體裡的一種習性，很多人都仰賴著它，伴隨終生。他們帶著這樣的習性面對生命裡各種壓力，但在孩提時代幫上忙的，卻不一定合適於當前的生活，於是乎，身體出現各種不同的症狀來警示，可惜的卻被許多習得的知識學問給忽略了。這是薩提爾女士所謂的第二度出生。

她所謂的「第三度出生」是真正成為自己的決定者，面對問題，審視自我，有意識地選擇適合自己的方式。這意味著需要放下一些不適合的生存信息，真實地面對而不躲避，用成人的方式正視它面對它，為自己創造未來，成為一個真正負責任的人。

她的教學總是一再強調每個人獨一無二的價值，以及人改變自己命運的可能性。

以我的生命經驗為師

瑪莉亞常受邀到新加坡、泰國等地演講，我有幸作陪，擔任她的助教，後來去了中國，還當她的同步翻譯。

二〇〇五年開始，我受邀在中國上成長課。個人視為莫大的榮耀，戒慎恐懼，小心謹慎。我希望把自己所學與別人分享，多數所教的都是我生命裡真實的經驗，希望對別人的生命也有所啟發。

我的課程設定在三十人以內，可以更直接、深入地與學員互動，幫助他們。從鄉村包圍城市，慢慢地擴散到其他學術單位和不同領域。

我一路從貴州的貴陽、昆明、廣州、北京、上海……到二〇一八年的今天，除海南以外，足跡遍佈中國各省；從機構的個人成長，慢慢到諮詢師的個人成長、體驗與專業養成；直到五、六年前才回到台灣，在大學、研究所兼課。

有人覺得我的風格尖銳、犀利，有一次學員反饋，她比喻說：「上賴老師的課把我給嚇死了，他狠狠地把人從空中拋去，卻又伸出手溫柔地接下來，我非常佩服。」這位學員是一名大學教授，在一次個案督導之後，她還大聲地說，這是她要的本土教學。

治療的種類繁多，許多是針對個人的成長課，著重在對自己的提升、了解自己、接納自己、人際溝通……看看家庭如何塑造你，把你變成什麼樣的人。並不是所有的專業都是家庭或夫妻治療。只有在夫妻或家人前來尋求幫助，對他們的一起工作才是；不過，當家裡的一個成員改變，的確在系統上也能對家庭產生變化的。

許多人開始接觸課程，都希望學習一些回去之後就能夠駕馭、掌控，改變先生、太太、孩子，滿足自己的需求。我會直接告訴他們那是不可能的。人只有自己的改變，在與他人互動時，因為你的不同而影響對方；永遠無法單靠學習的技術或方法來改變別人。

傾聽內在的聲音

許多學生、朋友希望我把多年的工作經驗寫成書，這對我是一大考驗。我多年的工作，並沒有奉哪一學派為圭臬。我覺得來上課的都是活生生的生命，心理學融合了我國傳統儒釋道以及法家的文化思想，如何適切地運用而能幫助他人是最重要的，我相信不論是「黑貓白貓，會抓老鼠的就是好貓」。我有時柔，有時強硬、有時溫暖，有時憤怒，都是以自己的判斷做出「當下」最能幫助個案的方法為首要。如果個案需要，我也會什麼話都不說，安靜地陪著。

本書裡很多時候運用了薩提爾學派「雕塑」的技術。成長或是治療的課程中，當家人不在或是不願意時，藉由角色扮演的協助，由雕塑的體驗，讓個案理解當時的經驗。「如果你站在這個位置，會有什麼感覺或想法，你又會怎麼做……」這是我常會問的一句話。

我的人生沒有幸運，我的課，因為真誠，打動了一些學生；我常要求自己盡心盡力，用生命陪伴他們。這十幾年的教學生涯，有些學生把我當家人、把我當長輩；有人說我到處幫人，需要被人感激，我也不在乎，原因是我真的看到他們的改變，這也是我在這領域願意一直耕耘的原因。

書裡談的是很多人很多家庭會遇到的事。有的人面臨外遇、有的人長期被家人掌控、有人因「陪伴」有了力量、有人企圖找回自己……其實別家的故事未必發生在你家，但可藉由別人的故事讓你有反思的機會；如果你過去不知道，現在你知道了，你願意怎樣調整、改變，讓自己走向比較幸福的道路。

生命的藍圖掌握在自己手中，請傾聽內在的聲音，不要寄望別人。我們的身體是一個很棒的能量儲藏場，身體也是我們智慧的導師，自己的生命自己富足，良性的自己會引發良性的互動，如果你想要有個不一樣的明天，至少你知道可以為自己做些什麼了！

Part I

點化

在個案浮沉的生活日常，
用幾句話點出烏雲蔽日的關鍵處，
日子於是見得到光了。

愛，剛剛好就好

家庭裡隨時都上演著掌控的遊戲：父母希望孩子乖巧聽話，孩子希望得到父母認可讚許；夫妻關係，常在誰贏誰輸中爭得傷痕累累，各展神通，使出渾身解數，這一切都是希望別人能在自己的掌握之中。

如果能夠給予彼此多一份理解與尊重，在自由的空間裡，家就會有更多的和諧與幸福。

依賴也要有界線

這堂課的學員來自各階層，幾天下來平淡無奇，就在最後一天，課程即將結束前兩個小時，一個清瘦略帶憔悴的女生舉手了，但支支吾吾的，感覺有口難言，隔壁一個爽朗的大嬸似乎比她還心急，「快說，就要下課了，你不說我就幫你說囉！」我走近她，告訴她我願意等她說完才下課，她安心了，做了一個深呼吸，娓娓道出心中的傷痛。

小筠的父親年紀大，體弱多病，在親戚的規勸下，心不甘情不願地住進安養院。父親希望女兒每天去看他，小筠告訴他：「我有空就會來看你，你安心住下，你臨時有狀況，這裡有醫護人員可以協助，我上班也比較安心。」她在公司擔任要職，每天得加班，但父親要求她「天天」到安養院探望。

初期小筠不論加班多晚都過去，安養院一片漆黑，她搭上電梯，發現父親倚在門口等她，「爸，這麼晚了，你怎麼不進去休息呢？」他說：「我怕你以為燈熄了，你就不進來了。」「怎麼會呢，既然到安養院來就一定會看到你才離開啊！」父親見到女兒很欣慰，兩三分鐘就睡著了，她才離開。這時已近午夜十二點。

搭不上最末班車，她只好搭計程車。一個月的舟車勞頓，令她身心俱疲。

某日她告訴父親，因為工作量大，恐怕無法天天來安養院，父親雖然口頭上表示諒解。但是女兒不再每天探望，讓他非常焦慮，情緒更是不穩，揚言割腕自殘，院方立刻打電話通知正在開會的小筠。

她十萬火急地趕到安養院，父親看到她，安心了，放下刀子，乖乖的吃飯，不吵也不鬧。「爸，你知道年底我特別忙碌，但只要一有空我就會來，帶你愛吃的東西，你好好待在這兒！」父親微笑點頭說好：「我體諒你，你工作能力強，我女兒好棒。」

父親嘴裡說體諒，但心裡並沒有。

其實很多父母到了一個年紀會轉而依賴子女，若得不到及時滿足，會用一些「招數」讓子女們就範；小筠的爸爸就是如此。

三不五時的，父親會突如其來打電話給她，跟她說自己哪些部位不舒服。她信了，放下手中的工作，趕到安養院時卻發現父親人好好的。後來次數多了，她才知道，父親在虛張聲勢，只想獲取她的關注而已。

小筠說，她每次看完父親心裡就特別悶，一方面是不能親自照顧上了年紀的父親而感到的愧疚，另一方面是對給自己帶來這種愧疚的父親感到憤怒。她常覺得委屈，想想自己一個人在外工作，經歷很多挫折，父親不但不理解不支持，反而給她壓力。

接下來的日子，小筠會接到安養院打來說父親要割腕、跳樓、絕食等的電話，甚至轉述父親的「威脅」，倘若不立刻趕過去就見不到父親，但每每到了安養院卻什麼事都沒發生。

這種事情多了就像放羊的孩子，她聽聞就想「又來了！」置之不理，繼續開會……沒想到那一次父親「真的」跳樓自殺了，她嚇得倉皇失措，趕過去，看到一灘血和白布覆蓋的屍體，父親已經氣絕，她頓時崩潰，痛不欲生……「我只是沒有按父親的意思每天探望而已，怎麼會這樣？」說到這兒，她放聲大哭，全身顫抖，有些人也跟著哭了。

「我該怎麼辦？」

感覺我不殺伯仁，伯仁卻因我而死。

我安慰她：「我相信沒有任何人希望看到這個結局。但你已經盡力，只是你們沒有找到兩方都可以接受的方式，這沒有誰對誰錯的問題，千萬不要自責。」

這是兩個人對生命的選擇。

老一輩的人常把孩子當產物，視孩子為自己的財產——這是社會上常見父母「掌控」兒女的心態。這位父親對女兒的掌控就是「你得按照我的意思天天來看我」，女兒不是小孩，她已經四十幾歲，有自主權，後來衍生出一種「反控制」行為，就是不理不睬；沒想到父親發現再也無法控制女兒，最後用結束生命這個極端方法抗議女兒不受控。他們都以控制和反控制的方式處理對方的要求，這種方法不怕一萬只怕萬一，沒想到真的就發生了萬一。

我對她說：「你可以悲傷，可以緬懷，讓你不自責是不可能的，但千萬不要內疚。內疚會消弱你的能量，要你想法子彌補，最後立於萬劫不復的深淵。事情發生了，不是對與錯的問題，只是沒能滿足對方的需求罷了。」

那麼身為兒女的我們，該如何面對父母這種依賴？

其實，當父母親（將來我們也會如此）慢慢地變老，身體愈來愈不如從前，甚至開始生病的時候，內心也會隨之變化：他們覺得自己的價值感正在喪失，正被推向社會的邊緣。為了讓自己感覺仍有力量，仍是社會或者家庭的中心，他們就會用各種方式來尋求這種證明，比如，繼續干涉孩子們的生活，以期在孩子生活中仍握有掌控權。當這種方式不奏效時，他們就會尋求其他方式，比如像小筠的父親，所有舉措無非是想引起孩子的關注。

家庭裡成員的序位非常重要，長幼有序，各得其位，一個家庭才可能朝著正常、健康的方向運轉。

至於什麼才是合適和各得其位呢？簡單的說，就是父親在父親的位置，母親在母親的位置，孩子在孩子的位置……各司其職，各自扮演好自己的角色。

「扮演」這個詞非常重要，即便是一個孩子已成年、成家，在父母親面前仍要「扮演」孩子的角色。當然，你可以有自己的主見、價值觀、不同於父母親的做事準則和方式。比如，小筠打電話問候父親，讓自己回歸到「女兒」的身分，不再只是一個傾聽的角色，而是試著與父親分享生活和工作中的困難，讓他覺得在你生命中，他的價值仍然存在。這樣做的好處就是，一方面，你給予了父親潛意識中想要的東西──「我仍有價值！」另一方面，你也釋放自己的一些壓力和委屈，如此一來慢慢就會形成良性的互動循環。至於你到底要不要按照父親給予的建議去做，或是作為一個參考，對你的工作和生活總是有益無害。

無論父母是什麼樣類型的依賴，你都可以找到合適的方法讓雙方都好過，一個人想要完全脫離父母的依賴和控制，最終極的辦法是讓自己真正成為一個「成人」，標準就是學會自我負責。

有人曾經問我，當父母親老了，我們不應該成為他們的依靠嗎？不應該「反哺」嗎？實際上，扮演「孩子」是一種讓父母和自己進入良性互動的方法，因為只有順暢的關係才能讓彼此更親密，這就是所謂「健康依賴」。

中國人講孝道，我們可以「孝」，但不一定要「順」。孝是情感上「我能為你做的」，但在不合理的地方，不必順從。例如有些父母跟孩子要錢，如果孩子沒錢，難道要他們去搶銀行？對不合情理的要求，如何在孝的情感下，雖然不順從，卻不造成忤逆、衝突，這是為人子女者需要拿捏的分寸了。

誰該聽誰的話呢？

這天，一位老先生帶著太太和女兒一起來；不，應該說，太太和女兒攙扶著他來，他是我到目前為止授課學生中年紀最大的。

下課後，這位老先生私下來找我，姑且稱呼他楊老，看起來很傷心。

楊老雖然看起來身體虛弱，但說起話來中氣十足。他說，自己的家庭跟別人家很不一樣，太太不賢慧，女兒脾氣暴躁，不像鄰居的女兒般乖巧聽話，「如果我可以把他們治好，付出生命代價都可以。總之，為了他們，我什麼都可以做。」聽起來很壯烈。

「你想要什麼？」

「我年紀大了，我想要『安安靜靜，平平常常』的生活。我都已經八十幾的人，連基本的條件都達不到，唉！」

楊老傾訴了很多生活上的不如意，最後忍不住說了一句，「如果他們（包括太太和孩子）都『照我的話去做』，我就能『安安靜靜，平平常常』的生活。」我把目光轉向陪同他來的太太和女兒，她們的眼神流露出不屑。老先生繼續說：「我也不要求你們給我錢，我自己有錢，我的標準很低，只要我說的話你們都聽，我就能達到『安安靜靜，平平常常』的生活。」那八個字，他重複說了好幾次。

我說：「這要求太高了，所有人都按你的方式生活，那是一種『掌控』。她們都有自己的人生，怎麼可能聽命於你一個人的指令生活呢？」

「怎麼不可以呢？我的年紀比她們都大，我過的橋比她們走的路多，我比她們有生活經驗，聽我的話可以少走一些冤枉路，總不會錯……」

老先生說完想說的話，默默離開。

這是典型的「掌控」。

相反的，如果這個孩子以自己對父親的了解，聽父親的話，做父親期待的事，那也是一種掌控；更小的孩子以哭鬧讓大人看到自己的需要，那也是一種掌控。另一種是面對這問題不處理，不言不語，甚至聲東擊西，要對方就範，這也是一種掌控。

每個人都是獨立的個體，沒有誰該聽誰的話，即使你是對方的先生或父親，都一樣。

「孝」很重要，「順」看情況

我想起另一個個案「大個兒」。

「大個兒」是位長得高壯帥氣的律師，在團體裡總是鶴立雞群，我很難忽略他。上課前他主動過來閒聊，我問他有什麼需要幫忙的，他收起笑容，取代的是嚴肅的神情：「我缺乏自信，想從壓力中走出來。」

大個兒娓娓道出自己的成長軌跡：三歲那年，爸媽出國，他由爺爺奶奶照顧，直到六歲，因上小學學區關係搬去外公外婆家。高中畢業，父母希望他到美國念書，這才跟父母住一起。

大個兒的媽媽是個博士，在美國擔任翻譯；爸爸大學畢業，在美國做生意。到了美國，他成了媽媽工作之外的生活重心，媽媽將他佔為己有，一切都聽從他，但大個兒一見媽媽就想逃，感覺快要窒息了。儘管他在美國的收入豐碩，卻不快樂，便毅然決然返回大陸。無奈，媽媽仍每天越洋電話遙控。「我該怎麼辦？好像永遠逃不掉媽媽的掌控……」

聽完大個兒的描述，我說：「感覺你們是彼此生命中最重要的人。」他點頭如搗蒜。

我請一位學員扮演大個兒媽媽，看看這對母子的問題究竟出在哪裡。

一臉無奈的大個兒對媽媽說：「這個……唉，我都不知道怎麼說好，就是，你太關心我，我受不了。每次你接近我的時候，我就覺得快被抽乾了。如果我這兒有一些風吹草動，你那兒就大風大浪，你讓我感覺壓力特別大……」這時媽媽哭了，大個兒繼續說：「如果我讓媽難受，我也會難受。」

看著痛哭的媽媽和無奈的大個兒，我對大個兒說：「她當然知道，因為你是她生的，她利用她的難受讓你難受，因為你會不忍心讓她難受，她就可以藉此控制你，這是你們兩個的雙人舞啊！懂嗎？」

媽：「我做的一切，都是為了你。」

大個兒：「媽，我知道你愛我，我也很愛你，我不會離開你，我也不會忘記你，即使我結婚有家有老婆了，你照樣是我媽，我時時刻刻都會想著你，有好的東西也會分享給你，你不需要擔心那麼多……」

我：「這樣說應該可以讓媽媽稍微放心一點。」

大個兒：「反正，你就不要給我那麼多壓力，一天到晚打電話，擔心這擔心那的，其實都沒有必要；你想要的我都已經給了，以後也會繼續給，所以不要怕，我不會消失，我會一直孝順你的。」

我：「『孝』跟『順』其實不一樣。『孝』是一種情感，可以一輩子孝敬你，給你，愛你；但依我看你們的相處模式，『順』，很危險，也許你可以『孝』，但不一定要『順』。」

大個兒點頭，對媽說：「嗯，我會一輩子孝敬你，但不會順著你的方式，我可不可以做自己？」

我：「對，你應該將你的界限再告訴她一遍。」

大個兒：「媽，我會一輩子盡孝道，可是我不會順著你。」

我：「聽起來還滿篤定的。」

我轉向媽媽，問她：「請問媽媽是什麼感覺？」

媽：「剛開始聽到他會盡孝道，這讓我放心，知道他還是愛我，心裡輕鬆一些；後來說是用他的那種方式，我又覺得害怕起來了，怕他過得不夠幸福。還有，嗯……不想讓他離開我的生活範圍。」

我對大個兒說：「她怎麼可能放得開呢？你是她手上那一塊肉，隨她揉隨她搓，你要這樣嗎？告訴她你不要。」

大個兒：「媽，我絕對愛你，但我不會順你，我要照自己的方式生活。」

我：「管你放不放心。」

大個兒：「對啊，放不放心是你的事嘛！但愛不愛你是我的事。」

媽：「這個……我……我還接不住這感覺。」

我對大個兒說：「你管她接得住接不住，勇敢的做出來，她不接也得接。」

大個兒：「嗯！」

我：「不然她又開始使伎倆，隨便一句『唉喲！我快死了！』你一順她你就完啦！」

大個兒：「明白！」

我：「你的人生，自己才是主角。當你覺得該讓她靠近的時候，允許她靠近；不該讓她靠近的時候，堅決篤定地不讓她靠近。所謂的『界限』，從英文來講比較清楚——boundary，是有彈性的，不是硬綁綁的。」

大個兒點頭示意：「YES！THAT SOUNDS GREAT！（聽起來很棒）」

我：「告訴你媽，『你別想跨進我的未來，我會擋住你的！』」

大個兒：「對！」

我對媽媽說：「他現在這麼篤定，你什麼感覺？」

媽：「我還是不太能接受，因為心裡有點疼。」

我對大個兒說明：「一定要給她時間，明白嗎？」

我把自己理解的說給大個兒聽，希望幫助他覺察自己與媽媽之間的關係。在這個過程中我試著與大個兒確認，扮演者所說的內容是否像他媽媽（他認為八九不離十），並且讓大個兒了解什麼是「孝順」，什麼時候該「劃清界限」，我不斷讓大個兒再說一遍，為的是加深印象，使這件事在大個兒內在發酵，知道自己不需要為媽媽的情緒負責，如此他才能自在地生活。

不介入父母之間

與大個兒的母子關係相反的是，女兒介入了父母親的關係。

邵女士在公司擔任總經理一職，大家都稱她邵總。

邵總有一段糾結十餘年的婚姻，最後以離婚收場。

邵總來上課的原因是跟爸爸的關係不好，父女倆一見面就吵架，「爸爸會打媽媽，甚至還打過我。」她只好搬離家，在外租賃而居。「但我媽媽還和爸爸住在一起，她是個弱女子，口拙，常被欺負，我來上課是想幫助媽媽。」感覺她是為母復仇，但她沒說是什麼原因導致爸爸動手。

我聽她講話的時候發現，她常跳進去處理父母關係，為了媽媽跟爸爸吵架，鬧到最後父女不和，但媽媽似乎都沒事。

我說：「會不會你以對的方式保護媽媽卻沒有理解他們夫妻互動的方式？」因為她媽媽雖然抱怨另一半，但彼此也相處了四十幾年了。

很多家庭都是「男主外女主內」，妻子承擔繁雜的家務，先生工作回到家了，她抱怨先生不分擔家務甚至對孩子抱怨爸爸，可能只是情緒上的出口，有時候怨丟出來轉眼就過了。但是孩子無法分辨那只是媽媽一時的情緒，並非真的譴責，因此吸收了大部分媽媽對爸爸的怨，對爸爸更加反感。

我建議她在這件事上不能單純地只站在媽媽這一邊，試著照顧媽媽但不批判爸爸，例如陪媽媽，但不牽扯到爸爸，「你要抽身，媽媽的抱怨可以聽，但也要去理解爸爸，不要介入他們的關係。」

邵總急著說自己的感覺：「我不是批判我爸，我對他又愛又恨……」

我問她：「如果你是爸爸，有一個經常跟你對抗，甚至罵你的女兒，你能感受到這是她對你的愛嗎？」

邵總愣住了。

我說：「沒有關係，你就站在爸爸的位置，體會一下，女兒一直用手指頭指著你罵，你心裡做何感想？」

邵總說：「我很難過，我多麼希望女兒能放下手指頭，好好跟我說話。」

第二階段的課在一個月之後。

我請她帶媽媽一起來上課。

當我看到邵媽媽時非常訝異，她的口才很好，懂得交際，一到班上就跟每個人打招呼，不時開懷大笑，看起來就是樂觀開朗的人，並不如邵總描述得脆弱、口拙，因此更加強了我勸退她在父母間互動的想法。

我問邵媽媽和老伴的近況，她說：「很好啊，上禮拜我們才去北方旅遊回來……」這對父母在女兒口中有這麼大的衝突，但當女兒離開，他們的關係卻這麼好。

當女兒退出父母戰局，還給他們一個空間，他們才能用彼此熟悉的方式爭吵、相愛、溝通、生活。

我開玩笑地對邵總說：「你知道你這局攪得夠大了吧？」

心理學上有伊底帕斯（又稱「弒父戀母」）情結，簡要的說，就是孩子常在媽媽身邊，覺得爸爸沒有他了解媽媽，他才是媽媽的情人，所以這孩子殺死爸爸，替代爸爸的角色照顧媽媽，換句話說，就是三角關係。

當父母發生爭執時，孩子會站在媽媽這一陣線，反對爸爸，但其實孩子對爸爸的看法並不是真實的看法，只是「耳濡目染」之下，受到媽媽的影響而覺得應該替媽媽出頭。在統計的案例中，替媽媽出頭的比例比較多，甚至把爸爸推出去。細究家庭真實互動後才發現，很多時候對爸爸並不公平。

這個案例，女兒掌控了媽媽，媽媽也掌控了她。媽媽不自覺地把很多對爸爸負面的看法和情緒都傳遞給孩子，讓孩子跟她結盟。

父母和好了，但邵總並不開心，變得失落孤單，因為她發現自己沒有位置，不知道該做什麼了。

邵總上諮商課最後發現，真正的問題不是爸爸是她自己，接下來她得學會如何跟自己相處，這就是她的功課了。

一味付出，反成掌控

我們談父母掌控子女，但是當子女成為父母時，會不會也掌控自己的孩子呢？

我印象很深的一個個案，由於她會寫詩，就叫她「小詩」吧！

小詩身材纖細，留著一頭長髮，曾背著行囊到西藏旅行，感覺是個渾身散發出仙女氣息的女人。

小詩已婚，有個十多歲的兒子。那天在課堂上討論女兒與媽媽相處的問題，沒想到某些內容觸動了坐在角落裡的她。中場休息時間她衝進廁所哭泣，從洗手間回到位置上時，臉上還掛著淚痕。我走過去問：「我能為你做什麼嗎？」

起初她不願意公開自己的事。這是學員自我保護的一種方式，也是常有的現象。我只好私下跟她聊。原來是婚姻出了問題，這是她來上課的目的，她想離婚卻走不了，因為先生給她寬裕的經濟。沒想到聽到別人和媽媽的關係才驚覺自己與原生家庭的問題更大。

然而，家庭的問題並非一朝一夕就能解決。

她陸續參加四次的治療課，每次上課都學到一些經驗，本來的問題逐漸不是問題，她說不是問題不存在，而是有能力可以面對了。後來她跟先生的緊繃關係漸趨和緩，她願意繼續留在婚姻裡。我認為，她在上課所學到的足夠協助她，把自己從過去積累的困惑和被綑綁的壓力中解放出來，選擇一個適合自己的生活模式。

最後一次（第四次），她主動談及自己與原生家庭的糾葛。

小詩由外婆帶大，兩人很親，彼此依賴，她甚至以「相依為命」形容。但小詩七歲時，因就學關係得搬回家與父母同住。當她重返原生家庭時，感覺很陌生，好像每個人跟她都沒啥關係，彷彿外婆家才是自己的家，在家裡她反倒像個客人了。

小詩是早產兒，從小體弱多病，在外婆無微不至的照顧和關愛下，體質調養得很好。然而外婆的健康狀況隨著年歲逐漸變差，即便如此，仍每個星期拄著拐杖撐著瘦弱的身體，買好吃的食物到學校看她；對她來說，外婆是另一個媽媽。當時小詩在心裡暗自許下承諾，長大工作後要把前三個月的工資交給外婆。但外婆沒等到她開始工作就離開人世，至今對她來說仍是很深的傷痛！

家中成員除了爸媽還有弟弟，敏感的小詩察覺媽媽的注意力都在小她兩歲的弟弟身上，難免心生嫉妒，無形中不斷上演姊弟爭寵的場面。然而，另一層關係上，媽媽也嫉妒她跟外婆的關係。但小詩是媽媽的女兒，媽媽是外婆的女兒，小詩和媽媽突然變成「姊妹」般，互相吃醋。我可以想像這三個女人，小詩跟外婆站一邊，媽媽單獨另站一邊；可是愈孤獨的人愈會反抗，愈會競爭，被孤立的媽媽只好抓住弟弟。這個家庭便以各種不同的「三角關係」運作。

不過原生家庭對小詩產生的影響卻無聲無息地複製到她的婚姻：她跟兒子同一國，孤立丈夫，演變成另一個三角關係——看起來和原生家庭不是絕對相同但又這麼類似。

由於小詩小時候的狀況未被處理，長大後，這種糾葛也隨之「長大」。她發現自己跟家人的互動模式都有問題：她眼中的弟弟是個「啃老族」，爸爸很無能，家裡由強勢的媽媽掌控；她嫁入豪門，每次媽媽跟她開口都是要錢……

我大致了解小詩的故事後，打算先處理表面浮現的問題，再引導她深入探討緣由，看清楚事件發生的完整脈絡。我建議她邀請幾個同學扮演家中成員，藉機了解他們的想法。不過他們不是演員，表達的都是直覺反應，儘管說的話不見得百分之百真實，但人有「共性」，或許真有可能接近事實。

對於這個提議，小詩起初有點緊張，但我保證，絕對安全，「如果你不願意公開的事，我不會往前推，或許會有一些問法或誘導，但你絕對可以作主。」這麼一說，她放心了。

一開始我問小詩：「你最想梳理自己跟誰的關係？」她答「弟弟」。

小詩不喜歡弟弟，直言「我們沒有一起長大」。她眼裡的弟弟一無是處，三十六歲了還不願意獨立。

一般父母的態度往往是：對愈有能力的孩子的要求就愈多，對沒有能力的孩子就多加照顧，導致原本能力不足的就更無能，有能力的孩子當然會覺得不公平，間接影響手足感情。小詩家就是這樣的情況。

小詩花了一段時間敘述與弟弟的關係後，語重心長地說：「我覺得他沒負該負的責任……」說到這兒，我打個岔：「我有點疑慮，你說他沒有負『該』負的責任，這個『該』的標準是由你來定義嗎？」

被我這一問，她愣住了。我舉例：「如果我的體力只能扛五斤米，你說不行，『男人得扛七斤』，因為我只能扛五斤而不是你說的七斤，你會不會覺得我不負責任了？」我發現她雖然不喜歡被別人掌控，無形中卻在掌控弟弟。

這時弟弟登場。

弟弟停頓了數秒：「你以為爸媽都在看我，那些愛並不代表什麼，其實他們都在看你。」

小詩：「我一直都……覺得因為你所以……爸爸媽媽才看不到我，所以我一直很生你的氣。」

弟弟：「你以為我不生你的氣嗎？（小詩、弟弟兩人哭泣數秒）我一開始就這麼覺得，憑什麼你都得到，我還要讓你覺得開心，所以我不想看到你，其實我怕你。」

我：「什麼原因怕看到姊姊？」

弟弟：「我覺得我會輸掉。」

我轉向小詩：「這麼多年弟弟就是怕輸給你……聽到這些話怎麼樣？現在都長大了，對你來說，有沒有可能是弟弟心裡的真實話，只是你從來都沒聽到，還是你從來都不知道？」

小詩：「我從來都不知道。弟弟，我不想要跟你比，我想你更好。如果可以的話我願意幫你，但我發現很多時候我都在幫倒忙，我也不知道有什麼方法可以幫助你？」

弟弟：「我不用你那樣對待我，我一個人挺開心的，沒你想得那麼糟。」

小詩：「我卻一直都把你想得很慘，覺得你是個弱者。」

弟弟：「其實你不比我厲害，你可以好好休息，幹嘛搞得那麼的……」

我：「是什麼原因讓你看他是個弱者？」

小詩：「他一直都在爸媽過度的保護下長大，三十六歲了，還在『啃老』。」

弟弟：「你覺得我啃老，你怎麼覺得我就是？」

我：「喔！看來還得照你的標準來看啊！」

弟弟：「我沒活得那麼累好不好？」

我：「你知道什麼叫尊重嗎？這是個邊界。」我單手在兩人之間劃了一下，弟弟向後退了一小步。

弟弟：「我的事情我自己處理，你真的看不慣，說兩句，ＯＫ？但不要說太多好不好？」

小詩：「弟，我不知道我做得太多讓你沒有機會自己去承擔，我擔心你……」

我：「關心和擔心的差別在哪裡？『關心』一個人，是他有需要我有能力我就去做；我『擔心』一個人，是一直認為他沒有能力，並把他累積的能量全部消掉。關心是尊重他，擔心會削弱他的能力。」

小詩低頭擦淚。

我：「其實你在傷害他，他想要站起來，你卻剝奪他的力量，這是偽善，為了個人的需求傷害弟弟；當所有人都覺得你是個好姊姊而他是個不負責任的弟弟時，是你剝奪他負責的權利。在這裡，你讓我看得清清楚楚，你所有的給予是『掌控』。」

小詩哭泣。

我：「我只是告訴你我看到的，你可以關心他但不要擔心他。你把別人的責任負完了，那弟弟負責什麼？他連參與的機會都沒有了，所以該讓他自己長大了，是吧！你願意嗎？」

小詩：「我願意。我就站遠遠看著就好……」

弟：「姊，其實我知道這些年來你做了很多，我真的不行的時候，我會跟你說，我會認錯。」

我：「聽到這句話，整個人感覺怎麼樣？」

小詩：「感覺跟弟弟的距離近了。」

我對小詩比較清楚的有兩件事：一是，「付出」對她來說總是容易；二是，「接受」對她來說比較困難。

這時「媽媽」登場了。

小詩：「媽，很多時候看到你忍得很累，我也很想幫你，但是不知道怎麼幫？」

媽：「你從來沒有問過我要什麼。」

我：「你要什麼？」

媽：「其實我想要你多跟我說說話就好。」

小詩：「可是我只會給你錢……」

媽：「錢，我有啊！」

我：「路邊有這麼多提款機，多提一點有什麼關係！（全場笑）」

媽：「其實我要的不多耶！」

我：「所以你跟她要錢其實只是想跟她說話呀？」

媽：「嗯，最主要讓她知道我還存在。」

我：「當你聽到女兒說，外婆才像她媽，你不是她媽，她會給你錢已經不錯啦……你有什麼感覺啊？」

媽：「我很不想要她的錢。」

我：「你要什麼？」

媽：「我想要當她媽媽。」

小詩哭泣，深呼吸，擦淚。

我：「你要怎麼當她媽媽？過去她覺得你的愛是很疏遠的，你可能也從沒有問過她要什麼？」

媽：「那時候我也不懂。其實我一直都在關注你（面向小詩）啊，看你和外婆互動時我好羨慕，因為那個親密感是我和你之間沒有的，以致於你回到家裡的時候，我拚命去討好你，卻不知道怎麼做才是你要的。」

我：「你知道媽媽一直在用她的方式關心你嗎？」

小詩點頭。

我：「是以前就知道，還是現在才知道？」
小詩：「以前就知道，但不願意承認。」
我：「喔，所以一直摒棄它。當你現在承認以前就知道，你的身體有什麼反應嗎？」
小詩：「心裡很暖，因為我心裡一直固執的認為媽媽不關心我。」
媽：「其實我對你跟弟弟沒什麼區別，一樣都是愛。」
小詩：「媽，對不起，我一直都誤解你，一直都抱怨你，一直都不接受你。」
媽：「能聽到你這麼說，我真的非常的開心。天底下哪有媽媽會生女兒氣的？」
我：「所以你現在決定不擋住媽媽的愛，你願意接受她進來？」
小詩沉默。
我：「你值不值得媽媽愛你？」
小詩：「值得，但是我一直覺得不夠。媽媽，因為我是你的女兒，哪怕我一無是處你也會愛我是嗎？」
媽：「是啊！我看到你那麼獨立，那麼堅強，又給我那麼多錢……你每次來看我，我都很開心。儘管你指指點點這個那個的，我眼裡看著，但心裡還是很開心。」

小詩點頭：「我覺得每個週末回去看媽媽是最開心的日子。」

我：「只是你心裡不承認。」

小詩：「每次你做了一桌子菜，我都說難吃，可是下星期回去你依然還是會做。」

媽：「有那麼難吃嗎？」

小詩：「真的不好吃。」

我：「嗯，這是一個很特殊的家庭。一個聽到難吃，繼續做給你吃；一個喊難吃，繼續回來吃。你們的愛和別人家很不一樣，對吧？看來兩個女人可以聊天了，這挺好的嘛！」

小詩和媽媽的這段對話不僅存在母女互動當中，夫妻關係也常如此。因為我們沒有真正的學會「心口如一」的表達。我覺得媽媽嫉妒女兒和外婆的親密關係是正常的，但小詩的媽媽嫉妒時又不能名正言順地說，這是微妙之處，雖然說不出口但行為會透露出來，人的年紀愈大不代表愈成熟。

「其實外婆照顧而你氣自己的媽媽，像不像你媽媽照顧你的兒子，你跟兒子計較一樣？」我這一點出來她就恍然大悟了。

現在小詩大概知道，現實中的媽媽可能不太有能力過問女兒的心事，而且問了可能也不太有能力去解答女兒心中的疑惑。角色扮演的好處是可以把現實生活中說不出來的話講出來，很多成員在家裡不知道該如何表達，就會找個藉口啟動「角色扮演」，尤其是彼此之間的關係尷尬或不健康時。將小詩調整到媽媽的角色，讓她易地而處、換位思考，原來真的當媽媽的會做出那樣的事情。

她們後來的話題圍繞在「外婆」身上，就談談她吧！

我：「外婆的個性怎樣？」

小詩：「她……希望大家都聽她的。」

我：「也喜歡『掌控』？」

小詩：「對。」

我：「媽媽和外婆還滿像的。」

小詩：「對。」

我：「在一個人的世界裡，你習慣孤僻地跟自己獨處？」

小詩：「對。」

我：「除了兒子之外，其他人都不存在你的世界裡？你有個象牙塔，你把那個小男孩帶進來，跟你一起被關在象牙塔裡頭，是這樣嗎？」

小詩：「好像是。」

我：「什麼原因，讓你習慣把他帶在你身邊不放？」

小詩：「希望有個伴吧，小孩唄！」

我：「這個畫面我突然覺得熟悉，你熟不熟悉？」

小詩：「呵呵……有點熟悉。」

我：「你認為這對他是關愛，當你需要作伴時就把他捲進來，你有沒有問過他要不要？

這難道不也是一種掌控？」

小詩：「好像是。」

我：「你會這麼掌控一定有好處。那個『好處』是什麼？」

小詩：「如果全在自己的掌控中，我會很放心。」

我：「還有呢？」

小詩：「很累啊！」

我：「你是不是應該掌控別人少一點，掌握自己多一點？你看，媽媽是主人，弟弟是主人，兒子是主人，他們可以做自己的事，你卻要去當他們的主人，也不問對方願不願意，想掌控就掌控了。」

小詩：「原來我的付出都是，掌控，啊！（笑）」

我：「沒錯。所謂的『掌控』都是將自己以為的愛給別人，要別人按照自己認為對的方式去做。」

最後談到「爸爸」的角色，雖然這過程中談得少，但小詩抽絲剝繭後慢慢發現，原來媽媽的強勢和爸爸的弱勢無形中取得一種「和諧」。如果爸媽都強勢，這家庭不是吵鬧就是爭執，所以很多事情爸爸光聽不說，只是不是小詩期待的方式。因為大部分的孩子都希望有個強大的父親與溫柔婉約的媽媽，可是現實生活中並不一定是如此。

小詩不喜歡媽媽的掌控，她認為就是因為媽媽掌控太多，弟弟才不獨立。但媽媽覺得小詩也習慣「掌控」別人，例如掌控自己的兒子，但小詩說：「我是跟你學來的。」媽媽笑了：「你是跟外婆學的，不是跟我學的。我們都是跟她學的。」或者說，小詩從外婆和媽媽身上都學到了精華，「掌控」的功夫更高明了。我問她們：「你們有這麼多的時間掌控別人，卻從來不掌控自己。是吧？」

很多孩子不喜歡父母的某些行為，但成為父母時，卻不知不覺複製他們的行為，並內化為大人對孩子的理所當然。我們曾經被大人綑綁，卻也拿這綑綁自己的孩子；我們曾被父母限制的也不知不覺拿來限制我們的小孩，甚至複製了很多原生家庭的問題到自己的婚姻裡。

小詩發現，很多時候她對兒子的行為與想法都想橫加干涉，給出自以為正確的建議，雖然大部分時候的語氣都委婉溫和，但那是一種更「高級」的掌控，導致兒子更依賴，而很多問題出現的當下立刻問媽媽的意見，不敢自己做決定。還好她察覺到這個問題並及時暫停，把選擇權交還給兒子，尊重兒子的決定。我覺得這也是一種進步。

退一步，海闊天更藍

夫妻之間經常出現一種狀況：太太談她的希望與夢想，而先生卻聽成了要求，因而讓原本的芝麻小事變成了滔天大禍，身心均付出極大的代價，久習釀歧異，最後甚至走上離婚。

相信沒有一對新人在結婚時，就事先準備好離婚的。

父母的互動模式，會影響子女。不是不能吵架，而是要懂得如何吵一個「健康的架」，這比無言相對、相互猜忌來得好。

因為父母良好的婚姻生活，是給孩子最好的禮物；各自退一步，海闊天更藍。

最後一搏，練習再練習

「在座的有沒有夫妻檔？請舉手。」幾乎每一次上課都有。

有的新婚、有的生活超過二十年但感情疲乏、有的同住一個屋簷下卻無話可說……我印象很深的是一對夫妻，他們將在上完課後，決定兩人的未來——在一起或分開。我猜他們願意參加成長課，大概想做「最後一搏」吧！

我們上課的座位是馬蹄形，類似注音符號的ㄇ，我坐的位置是ㄇ字空白處。這對夫妻一個坐在我右邊最後一個位置，另一個坐在我左邊第一個位置，兩人的位置呈斜對角線。

他們目前是分居狀態，導火線是先生對太太施暴。顧慮孩子的關係，男的考慮「復合」，但女的陰影猶存，並沒有同意。

男方絮絮叨叨的說一些話，重複的重點是「我要跟老婆和好」；但女方不回應，眼神流露出「哀莫大於心死」的神情。

我問男方是否真的想復合，他回：「非常想。」

首先，我要求男方在眾人面前向女方道歉，並做出承諾，不論發生什麼事，都不會動粗。這個要求可能會讓男方感到尷尬，沒想到他毫不考慮地站起來，誠心誠意地道歉了。

我問女方可以接受嗎？女方不相信，她覺得先生脾氣很「爆」，情緒一來就出手，根本不會記得承諾，「我心冷害怕，根本不想待在家裡，如何復合？」

我問女方：「你願意坐在這裡一定有原因，可能是習慣或依賴或責任或愛，你能告訴我是什麼嗎？」

她默不作聲。

「你還愛他嗎？」她說沒有。

我說：「你會走進來，表示你還在意他對吧？」她想了想說：「嗯！當年覺得他像個男人很有責任感，以為自己找到依靠；卻不知道他會使用暴力，這讓我很痛苦。」

男方對於暴力提出辯解，「我就是控制不了我的情緒⋯⋯」

「控制不了情緒」是施暴者很容易脫口說出的理由。

我反駁他：「你真的控制不了嗎？如果車子開到懸崖邊，快掉下去了，你會控制不了繼續踩油門嗎？」他說：「不會，那很危險。」所以「控制不了情緒」不是理由。

不過男方聽到女方還在意，很感動，補了一句，「我也在意她啊！」但我想釐清，「你是在意她？還是在意自己有一個『家』的歸屬感？」這時男方愣住了，接著用哽咽的語氣說：「我爸從小就是這樣打我媽，我不喜歡，我想要一個和諧的家庭⋯⋯」某種程度男方重複了父親的行為模式，或許無意，但耳濡目染之下就學會了。

雖然「積習『難』改」，但只是「難」而已，並非不可能。我希望男方能從不知不覺伸手想打人，到後知後覺，再進步到當知當覺，到下一次可以防患於未然，甚至先知先覺。我問：「當你想打人時，可以手不舉起來而用別的方式嗎？」他沉默不語。

這當然需要練習。

上課的學員都了解他們夫妻的故事，我找三人扮演他們一家三口。

演練中，當夫妻面對壓力而產生情緒時，扮演孩子的學員選擇的位置真如他們孩子的反應。例如，當爸爸太凶，孩子會靠近爸爸這一邊；如果媽媽太凶，孩子會靠向媽媽這一邊。這個孩子很有意思，他說：「如果爸爸太凶我不靠爸爸這一邊，我怕他會打我，但我的心在媽媽那一邊。」雖然不見得每個家庭的孩子反應都是如此，但在這個家庭的確是這樣，這也讓兩人思考他們的爭執，造成孩子外在的行為和內在的想法多麼不一致。

練習中，當先生原本想打人的手放下時，太太竟然願意轉身與他面對面；這時，兩人的感覺都不錯。當他們開始準備對話時，先生向中間邁出一小步，一開始太太愣在當下，卻忍不住倒退一步，這說明不是先生一個改變，太太馬上就能接受；直到太太相信先生真的改變了，她才願意往中間邁出一小步……這時候，孩子願意加入他們，呈現等邊三角形的畫面。

藉由這些畫面，他們體會到這個婚姻難題有可能改善。

我後來聽到他們的消息是三年後，兩夫妻真的復合了。

其實，不見得這樣的心理成長課都能讓夫妻關係改善，但至少這一對是好的結局。

開始和自己相處

另一對夫妻的故事跟他們類似，不一樣的是，先生的問題不是家暴而是外遇。

這對夫妻最大的轉折點是，他們看清對方如何將原生家庭的溝通方式帶入婚姻裡。

老公是家裡的老么，家人把他伺候得很好，他享受所有的權力卻不必負責任。夫妻合開公司，但太太攬下所有的事一肩挑，先生卻逍遙在外，因跟女性有曖昧行為被抓包，導致婚姻破裂。

太太在娘家是老大，母親早逝父親續弦，長女如母的她盡責地「管教」弟弟妹妹，她為了家庭和諧忍下後母所有不合理的作為，一肩扛下娘家的責任。婚後她把事業家庭全攬在身上，管先生像管孩子，但她愈管老公，老公跑得愈遠，直到外遇。

言談中，我覺得她失去了自己，連最喜歡的電影都不敢一個人去看。於是我給她的功課就是一個月最少獨自看兩場電影，學會如何跟自己相處，如何愛自己和享受生活，而不是把重心放在先生身上。我說：「你要放手，給彼此留個空間。你生病了，這訊息告訴你，你需要休息了。」

一個月後她再上課時，重點都放在電影上。她是個好學生，為了看電影做足功課，從挑片選戲院選時段，不知不覺轉移了對先生的注意力。

以前當太太的她在後面緊迫盯人時，先生覺得煩；但當太太把注意力從先生身上移開，這下原本習慣被太太盯的先生開始緊張了，擔心太太不在乎他，反而回過頭找太太。這招叫「欲擒故縱」。

在夫妻關係上，她沒有改變先生而是先改變了自己，沒想到間接也改變了先生。當她學會和自己相處，身心靈都處在一個比較愉悅和諧的狀況，就不會什麼都看不過去了。

不過他們改變的過程像剝洋蔥，今天處理了最外層洋蔥的瘡疤，以為沒事了；卻發現第二層有其他問題，剝開第三層馬上浮現第四層問題……但整體而言，太太先改變自己，逐漸改變了先生。

深入自己的心，和它說話

第三對夫妻，太太罹患憂鬱症，起因也是先生外遇。夫妻當怨偶多年，感覺是住在同個屋簷下的室友，她好幾次想做個了斷卻斷不了。

我問：「你可以選擇不原諒他，直接跟他離婚，但你仍留在原地的目的是什麼？」她說：「我想給孩子一個完整的家。」

我覺得這是「自欺欺人」的答案。

在婚姻生活裡，夫妻間的一舉一動，如不良的溝通、爭吵、語言暴力……無形中都牽動著家庭的每一個成員。子女永遠是家裡最好的觀察家，當父母感情不睦，就不是一個完整的家了，哪怕是學齡前的幼兒也看在眼裡，都是受害者。只是父母不敢真實面對自己，因為婚姻走不下去一定是一方不愛了，勉強維持著婚姻，很多人是因為怕自己還愛對方卻被拒絕，才會說出這個看似名正言順的理由，其實孩子只是大人的棋子。

我繼續問：「你真的是為了給孩子一個完整的家嗎？為了這個理由自己痛苦得睡不著？還是你對他還有感情，放不下？」她若有所思，沒有回答。

男女關係的成分不外乎三種——情、性、錢。你可以深入地問自己，對方哪一點吸引你，讓你在他外遇後還願意容忍？

所謂的「情」，包括夫妻與孩子牽連的親情，還有一點是社會道德壓力。

另一個是「性」，你可能看到一個高富帥的男子和一個其貌不揚的女子交往，或者一個很漂亮的女人手勾著一個很醜的男人，隱藏內在無法言說的，可能是性，因為對方讓他們的性生活欲死欲生。我曾經遇到一個外遇個案，她先生是公司的 CEO，卻愛上先生的部屬，她說：「我遇到他有如久旱逢甘霖，在理性上我不願意但在情慾上卻克制不住啊！」

最後一個是「錢」，錢不是絕對的，但可滿足個人在衣食住行各方面的品質，有些人為了求生存為了豐衣華食，會因為對方的財富而選擇留在婚姻裡。

罹患憂鬱症的太太後來說，她對先生的外遇深惡痛絕，好幾次真的想離婚，她嘗試離家出走，卻發現離不開他的心。

離不開他的心？這意味著什麼？

外遇的確會摧毀夫妻間的「信任」，但更需要回頭看看信任是如何在兩人的婚姻生活中一點一滴崩塌的。而「離不開他的心」這句話，透露了一絲重修舊好的曙光。

讓自己更快樂一點

夫妻的關係千百種，這一對沒有家暴沒有外遇，問題全來自家庭的生活瑣事。不過我朋友為了這個案做了三次諮商都沒有成效，請我代打。

他姓蔡，大家都叫他「小蔡」。

小蔡一進門就一副「我看你有什麼能耐」的模樣。

我說：「你好。」他回：「你好。」

我問：「緊張嗎？」他回：「不緊張。」我說：「我很緊張。但你為什麼不緊張？」他說：「反正就這樣啊！我就來啦！」那意思其實是，「我既然來了，你就要把我的問題處理好。」

我們的寒暄就此打住。

我緊張是因為，短短的一小時不知道能否幫到什麼忙。

我：「你這次來的目的是什麼？」

小蔡：「我希望能改善『夫妻關係』。」

我：「你們夫妻有什麼問題？」

小蔡：「我老婆對我的表現不滿意，我對她的表現也不滿意。」

我：「天底下沒有一對夫妻對對方百分之百滿意，不滿意是正常的。但你有什麼事讓你老婆這麼不滿意？」

小蔡：「老婆罵我不分擔家務，亂丟東西……」感覺他要一直講下去了。我阻止他，「我們今天只談一項你老婆對你最不滿意的，是什麼？」

他嘆了一口氣說：「我有亂丟東西的習慣。我的車鑰匙只要一回家就隨便扔，每次出門要花很多時間找，找不到我就會一直念，『鑰匙到底在哪裡？你有沒有看到我的鑰匙？』我老婆聽我念很煩，其實我根本沒有要她幫忙，只是念給自己聽而已……」

我：「一個屋子如果只有你們兩人，其中一人翻箱倒櫃找東西，另外一人會有什麼感覺？」

小蔡：「也會很煩。」

我：「如果一直找不到但對方一直念呢？你有什麼感覺？」

小蔡：「會生氣。」

我：「再來呢？」

小蔡：「沒有感覺了。」

我：「因為太多次所以沒有感覺了，是嗎？」

小蔡：「大概是吧！」

我：「如果你們夫妻兩約好時間要出門，其中一人一直找不到鑰匙，你覺得另一半會不會幫忙找？」

小蔡：「會啊！」

我：「那就對啦！所以你老婆覺得煩是有道理的嘛！」

他覺得這話題可以結束了，接著說：「不只這個，還有作家務……」我阻止他，「鑰匙還沒談完呢！」

我：「你接受諮商三次了，難道你們夫妻相處的情況絲毫沒有改變嗎？」

小蔡：「改變啦！以前十次出門，有八九次找不到鑰匙，現在進步到只有兩三次。」

我：「哇，這個進步幅度很大喔！你變得快樂一點嗎？」

小蔡：「沒有。」

我：「你有了這麼大的轉變，老婆對你的態度都沒有改變嗎？」

小蔡：「都沒有，我也不快樂。」

我：「為什麼？你不覺得奇怪嗎？」

小蔡聳聳肩。

我：「會不會，原本你希望老婆看到你的進步，按照你喜歡的方式給予讚美，但你老婆的反應並沒有符合你的要求？」

小蔡：「我不知道。」

依我的經驗，當個案說「不知道」，通常是「知道，但我不想承認」。

就在這時候，小蔡停了一秒，輕輕的做了一個深呼吸，發出「喝」的一聲。

我：「你的身體終於有反應了，到底發生什麼事？」

小蔡：「是吧，就像你說的，我希望她做出令我滿意的反應，但她沒有。」

我：「會不會你並不想改變，而是希望別人為你的改變或情緒負責？好比你做了一些別人也要做出相同的改變滿足你的需求？」

我拿起身邊的一瓶礦泉水，問：「你看到什麼？」他說：「快滿了。」沒錯，這瓶水只喝了十分之一，還有十分之九的水。「我發現你在生活中看到的是沒有的十分之一，你沒看見自己的改變，也沒看到你老婆的改變。」

他沉思了一會兒說：「是吧！」

「現在你靜下心想想，你老婆有哪些改變，例如她臉上的表情或語言？」我提醒他，「會不會念你的次數少了一些？或者，態度沒有那麼不耐煩？」

他想了一下，露出點笑容，「好像有喔！」我接著說：「但你老婆的這些改變好像都不是你要的，那麼你要什麼？」他陷入沉思。

我說：「你並沒有欣賞你老婆的轉變，其實那也是一點一滴積累下來的。你剛剛『喝』的一聲，是人『活』過來的感覺。你的身體有什麼反應？」他說：「心情鬆開了。」我說：「那表示能量是流動的。」

鑰匙的事暫告一段落。

接著我問他老婆還念他什麼事，他很快的回：「不洗碗。我都在外面工作她在家，我覺得洗碗是她的事。」他們家是「男主外女主內」。

我：「你老婆在家都做些什麼？」

小蔡：「帶孩子。」

我：「可能孩子纏著她，所以她無法洗碗。一個禮拜有七天，你可不可以洗一兩次？你不是想要改善夫妻關係嗎？既然你老婆希望你分擔家務，你就幫一點忙，為改善夫妻關係做一些調整嘛！」

小蔡：「好啊，我願意啊！」但是，他又說了：「我幫孩子洗澡，我老婆就可以洗碗啦！」其實這是夫妻家務分工的瑣碎雜事，「你在繞圈子，我不跟你玩跳棋。重點是你願不願意分擔家務？」他很小聲的說：「我願意。」我提醒他，要真的願意才行，光嘴巴說願意是沒用的。

我：「你想想看，如果你從不洗碗，現在終於一個禮拜願意洗一兩次碗，你老婆會怎樣？會不會有變化？」他說：「會。」

洗碗的家務事談完，我們繼續談第三項「摺衣服」。老婆抱怨他從來不幫忙摺衣服，「你願意像洗碗一樣，一個禮拜也摺一兩次衣服嗎？」「我願意啊，但我每次摺衣服她都罵我不是那樣摺，摺到櫃子放不進去……」那當然囉，摺的衣服放不進櫃子，那摺它幹嘛，「你可以學老婆怎樣摺衣服啊！」「我學不會。」「那不要學，這部分讓她摺。但你家除了摺衣服還有其他事可以分工吧？」他說：「摺毛巾。」我說：「很好，你就摺毛巾老婆摺衣服。如果這樣分工你可以接受嗎？」他臉部表情不再僵硬，回了一個字「嗯！」

我問他進行到這裡，心裡有什麼感覺？是一團火在冒呢還是……他說：「有暖暖的感覺……」「太棒了，要不要跟著我一起呼吸，呼吸時心臟會跳動，讓這暖暖的感覺擴充到你胸腔繼而到全身，不要急，自然呼吸……」他跟著我做，「哇，你的全身都有感覺，出乎我意料之外的快，我以為你動不了了。」

我不光聽他說，也看他身體的變化，發現他愈來愈放鬆，包括他嘴角揚起還有臉上淺淺的微笑。

「不是為了你老婆，而是為了改善夫妻關係，得先從你自己變得快樂一點做起。」但還沒結束，我們最後做一個練習。

「剛剛你不是說回到家老婆一直罵你、挑剔你嗎？我們請兩個同學練習，找一個人扮演你老婆，找個人扮演你兒子，你自己站在那邊，好嗎？」

扮演他老婆的同學就學他老婆的口氣：「你回家什麼也不做，鑰匙亂丟、碗不洗、衣服也不摺……」我問小蔡什麼感覺，他說：「很煩。」「除了煩之外呢？」他說：「生氣。」

我問：「當你很煩又生氣時，會想做什麼？」他說：「不理她。」我說：「你轉過身背著老婆，這又是什麼感覺？」他說：「什麼感覺也沒有。」我問：「這就是你們平常的日子對吧？」

「現在換你站在老婆的位置，當你看到老公背對著你時，是什麼感覺？」他說：「很煩！」我問：「你希望老公做什麼？」他回：「轉過身跟我說話啊！」

話一說出口，他似乎也懂了。接下來，當他轉身跟老婆說話時，老婆並沒有積極的動作，有時停頓有時反而後退，直到老公堅定的走向中間，老婆才移動腳步也往中間靠攏……

這說明改變需要時間和過程，不是一蹴可及。

我說：「你不是想改善夫妻關係嗎？現在應該知道怎麼做了吧？」

「應該」少一點，「偶爾可以」多一些

某日上完課，一位長得高瘦，綽號「竹竿」的男學員走過來，我問他有什麼事，他說不出來，但感覺他不快樂。他說，嚴格說來，並沒有一個具體的「事件」困擾他，卻有一股龐大的壓力壓得他喘不過氣來。

他在一家電腦公司上班，有不錯的收入、賢慧的妻子和一雙兒女，但不論在工作或家裡，一股喋喋叨叨的話在他耳邊縈繞不去，例如，「你應該……你不應該……」間接指責他做得不夠完美。「竹竿」是個責任感很重的男人，每天都在修正自己的行為以符合太太和主管的要求……「但是我快瘋了，怎麼辦？」

這股龐大的壓力，幾乎每個家庭或團體都有。從某個角度看，這應該也是一般人可能發生的問題。

生活中，我們經常會聽到女人們抱怨老公：「他應該上進一些、他應該每天早點回家、他應該多幫我分擔一些家務；他不應該把教育孩子的責任都推給我、他不應該忘記了結婚紀念日、他不應該下班後還跟同事聚餐……」或者抱怨孩子：「他應該努力學習才對、他應該聽我的話；他不應該遲到、他不應該玩電動……」

你會發現，這些抱怨總少不了兩個詞「應該」和「不應該」，似乎這些事天經地義，都是對方必須做到的。

這種「應該」和「不應該」的思維造成關係中的緊張和矛盾。「應該」是心靈最大的監獄，讓對方感覺自己在牢籠裡，更束縛了我們自己。

有一次在課堂上，我讓參加的學員，練習一個關於夫妻互動的遊戲，希望大家在體驗的過程中了解自己與另一半的關係。

學員分成兩組，一組扮演「貴婦」，另一組扮演「貴婦身邊的寵物狗」。

當貴婦們齊聚一起談論著自己的寵物時，扮演寵物狗的夥伴只能聽主人的語言，用心覺察他們內在的身心反應。仔細聽，每一個貴婦的指責不外乎：「他應該……他不應該……」把平日對老公的不滿和抱怨一股腦兒跟朋友分享。

在一陣言語轟炸後，角色互換。我邀請扮演寵物狗的夥伴坐中間，貴婦坐後面，聆聽狗狗的反應：有的說想要咬那個主人、有的說很憤怒、有的說很委屈、有的說自己只想趕快離開……但也有狗狗喜歡某些主人，想搬過去住。

牠們用肢體反應來表達自己的情感，而貴婦們在他們身後仔細聆聽與體會寵物們的心理反應。

最後，我讓他們恢復太太和先生的身分，彼此對話。

我問：「如果你們的生活還要繼續，拿掉那些『應該』或『不應該』，會不會有不同的感受？」

透過這個遊戲，我們可以充分體會到關係裡的抱怨和責罵，會給彼此帶來什麼樣的心理傷害。至於矛盾是如何產生的，就是那些「應該」。

「應該」是從哪裡來的呢？就是從小培養起來的思維。從一出生到上學再到成人，一路走來，我們的父母、師長、社會、道德觀等等，一直在告訴我們什麼應該做、什麼應該不做。女孩應該如何、男孩應該如何、學生應該如何、上班的人應該如何、好男人應該如何、好女人應該如何：應該優秀、應該上進、應該得到別人的認可、應該有責任心、應該賺更多錢、應該有車子、應該有房子、應該成功……那數不盡的「應該」成了每個人頭上的緊箍咒，也形成背上的包袱，勒得我們愈來愈疼，壓得我們喘不過氣。

漸漸地我們被這些「應該」淹沒了、俘虜了、同化了。雖然會下意識地對別人扔過來的「你應該」感到莫名憤怒，但卻也用這些「應該」要求、抱怨、指責別人，包括伴侶、孩子、朋友、下屬和同事。

這些人每天聽指責，當然會想回擊，有的跟你吵，有的躲開，矛盾愈演愈烈，以致最後局面無法收拾。心理學上講「指責和批判別人，實際上是不允許自己，是對自己的不滿」。想一想，當你用手指著別人的時候，另外四個手指頭正指向自己。

話說回來，這些「應該」本沒有錯，它們之所以成為普遍的準則或者社會道德，是有先人的智慧在裡面的。這些「應該」是有利於人們更好的成長和為人處世的，它們的本意是為了更和善的相處，以及維持社會和諧。錯在哪裡呢？錯就錯在你把它們當成了「天條」，不可以有絲毫的違反。任何規則當你把它看成了「絕對的」，它就開始起反作用了。

怎麼辦呢？

很簡單，把「應該」變成「偶爾可以」。

試試看，「我偶爾可以不優秀」、「我偶爾可以遲到一下」、「我偶爾可以不守時」；「他偶爾可以不上進」、「他偶爾可以懶散一些」、「他偶爾可以糊塗一些」、「他偶爾可以玩一玩遊戲」……諸如此類。

「偶爾可以」保留了那些「應該」原有的有益的東西，卻給每個心靈大大的鬆綁；把「絕對」變成「相對」，把「死的」變成「活的」，把「絕對不可」變成「可以」；這就好像給密閉的牢籠打開了一扇窗，讓住在其中的我們可以透透氣。

你不妨試著把「應該」留在某個特定的情境裡，讓「偶爾可以」鬆綁自己或別人，找到自由的出口。

價值觀更需要「門當戶對」

有個學生，父親只有小學畢業，是個土財主；母親大學畢業，但家裡窮；雙方父母都看中對方的優勢，透過媒妁之言結婚成家。如今父親擁有好幾家公司，母親擔任其中一家的負責人。由於原生家庭的環境差異頗大，婚後父母一直為生活習慣、金錢觀、價值觀等問題，爭吵不休，儼然成為住在同個屋簷下的陌生人。母親有感而發地對她說：「這是『門不當戶不對』的悲哀啊！」

很不巧地，即將結婚的她也面對類似的問題：她在學校教書，對方是同校老師，但他父親是個工人，且因早年嗜賭而負債累累。她的父親以雙方家庭沒有「門當戶對」的理由反對這樁婚事，她很痛苦，反問：「現在還談『門當戶對』嗎？」

的確，相似的社會地位與經濟環境的孩子容易走在一起；若非後天努力，海歸的富二代還真的很難與貧困山區教育程度不高的孩子走到一塊。你可以與未來的伴侶有一定的差異，但要有基本的方向和原則，否則容易兩敗俱傷。

通常談及婚姻中的爭執時，最常提到的就是房子、車子、股票……起因是雙方對物質條件的看法分歧。的確，某種程度上，我贊成「門當戶對」的婚姻，但指的並非社會地位和經濟條件，而是有共同的「生命經歷」、「價值觀」和「親密關係」。所謂的「親密關係」是可以在另外一個人面前完全地做自己，敞開自己，與對方分享生活點滴，這才是真正的「心靈伴侶」。

我舉臉書（facebook）創始人馬克．祖克伯（Mark Zuckerberg）的婚姻為例，他在二〇〇八年被《富比士》雜誌評為全球最年輕的單身巨富，也是史上最年輕的靠自行創業的億萬富豪，保守估計擁有十五億美元身家。當他迎娶華裔女孩普莉希拉．陳（Priscilla Chan）時，曾引起軒然大波，因為他太太出生貧寒，岳父是中國人、岳母是越南人，夫妻倆以難民身分去到美國。

為了維持生計，工作繁忙的夫婦把普莉希拉託付給連英文都不會的爺爺奶奶帶大，雙方的家庭背景差異頗大。但是，他們都畢業於哈佛，有共同的學習經歷，能一起談教育、醫學與慈善事業。從這個角度看，他們有相同的價值觀，所以人們了解之後，就不會詫異這個高富帥為什麼會娶一個難民家庭出身的華裔女子了。

他們畢業於同個大學，有共同的閱歷，能分享生活；對事情的看法即使不相同，也有氣度尊重彼此的差異……他們思想契合，兩人能交流溝通，了解對方想法，這就是一樁「門當戶對」的婚姻。或者，我讀過很多書哪怕你沒讀得我多，但你有很多生活閱歷，所以我們聊得來；或者，你很富裕，過的是有錢人的生活，我雖然窮卻可以過著跟你一樣有品質的生活，重點是品質……都算「門當戶對」。再或者，我送你一顆鑽戒，你送我一朵鮮花，不管鑽戒或鮮花的價錢如何，在彼此心目中，「價值」一樣，愛的意義也一樣了。

至於父母這一關，的確不少家庭會受到「家庭背景」及「文化教育」上的影響。不過我請這女生自問，你們有「門當戶對」嗎？請想清楚。如果是的話，說服父母這一關，這樣就皆大歡喜；如果不能說服，就請父母祝福你們，畢竟自己的選擇才是最重要的。

誰先外遇？

一般人談「外遇」，通常是指先生跟外面的女人或太太跟外面的男人發生感情，似乎一定要出現「小三」才叫「外遇」。但是真的如此嗎？

大家都「窄化」了外遇，很多人以為所謂的「外遇」是指另一伴與異性有了感情；其實不然。外遇對象也可能是同性，例如女（或男）人遇到同為婚姻或事業失敗的女（或男）性友人，當彼此願意傾聽對方的心事，在對方無助時伸出援手、提供溫暖，他（她）們也可能發展成婚外情。

我在這裡廣義的談外遇，泛指專注於工作或個人嗜好以致忽略了另一半的精神需求，不在意另一半的生活、感受，在某種程度上，這也叫「外遇」，例如旅行外遇、逛街外遇、打電動外遇、露營外遇、健身外遇……還有一種屬於「藝術外遇」，指另一半喜歡獨自聽音樂、看畫展、看電影……為什麼他們不喜歡有人在旁分享呢？答案常常是另一半走不進自己的生命，或是你沒讓對方走進你的生命，所以當你獨行，某種程度是危險的訊號；當你沉浸在自己的領域，已經離開另一半了。

其實投入工作並沒有錯，熱衷於宗教活動也沒有錯，喜歡藝術也很好，可是不能像上了癮般的把所有的心力都放在那裡。當你忽略另一半的精神需求，沉浸在自己的愛好，那就是我所謂的外遇。

工作與另一半，孰輕孰重？

上課時，岳稜主動提起自己的憂鬱症，愈晚愈難睡，常常失眠。

我問：「你平常在上班嗎？」

原來岳稜從事服裝設計十幾年，自己開了一間小公司，每天早出晚歸，花很多時間與客人討論設計、款式和材質，回到家都很晚很晚……

我再問：「你什麼時候開始睡不著？什麼原因導致你失眠？」

她的情緒驟降，低聲說：「我先生外遇了……」說得有點難為情。這現象很正常，我遇到很多類似的個案，鼓勵她繼續講下去。

岳稜說：「我們念大學就認識，是班對，感情很好，婚後生活美滿，同學都說我們是『神仙眷侶』。後來我找到非常喜歡的服裝設計，客人很滿意我的服務，由於跟老闆理念不合，我就出來自立門戶，生活變得更忙碌。就在一切都不錯時，我懷孕了，沒多久，先生就外遇，我崩潰了，開始不好睡，過去美好的時光幾乎一筆勾銷……」她氣先生背叛婚姻，憤怒之餘也把這股怒氣轉嫁到尚未出生的孩子，「要不是你，我早就離婚，一走了之……」好像是這孩子阻撓了自己的未來。但她又心知肚明孩子沒有錯，發完脾氣，對孩子感到抱歉，生活處在矛盾與困惑中，悶悶不樂、食慾不振。她白天工作很疲倦，晚上失眠症狀愈來愈嚴重，只好求助於醫生。

「醫生怎麼診斷？」

「醫生聽完我的敘述說是『憂鬱症』，就開藥給我吃。」

她吃了藥仍睡不著，醫生就加量，但不見改善，這情況已經持續好多年。她跑過很多地方，看了不少醫生，甚至求神問卜，幫助都不大。後來經由朋友的建議才報名上我的課。

我聽完她的故事就忍不住笑了出來。

她面露不悅地問：「老師，您笑什麼？」

我說：「是你先外遇的呀！」她聽了很不高興，提高聲調反駁：「我哪有？」我說：「你專注於服裝設計，投入大量的時間在工作上，幾乎每天加班，冷落在家的先生，那不是工作外遇是什麼？」

她一聽，整個人愣住。

我反過來問岳稜：「如果你先生像你一樣，著迷於自己的工作，下班得晚，回到家精疲力竭，而待在家裡的你遇到困難，因為等不到另一半協助你解惑，這時有人向你招手，對你噓寒問暖，陪你用餐談心，你會不會靠過去？」

她說不出話來。

我找幾個同學出來「體驗練習」。

第一個練習的場景在店裡，有客人A和客人B。

服裝設計師正幫客人A設計衣服，每個細節都不放過，弄得很仔細，消磨很長一段時間……我問坐在椅上等很久的客人B：「你是什麼感覺？」她回答：「我會吃醋、嫉妒、生氣。」接著抱怨說：「我挪開其他行程跟她約好在這裡，她忙到沒時間理我，我可能就不等，找別家了。」

第二個練習時，我請出三位學員，一位扮演她自己、一位扮演她先生，另一位是所謂的第三者。

先生準時下班回到空蕩蕩的家，這時太太還在店裡忙呢，直到晚上十點，先生好不容易等到太太下班，他白天在公司因與主管意見不和，心裡有些委屈想跟太太說，但太太實在太疲倦，完全聽不進去，「你不要煩我，我很累，我要睡了。」幾個禮拜後，先生向辦公室一位女性同事（第三者）傾吐，他想，反正太太很晚才回家，乾脆跟她約在外面吃飯；女同事善良體貼，對他呵護備至，果然……

我覺得第三者未必是她先生想要的，但在那當下，女同事接納他理解他支持他，先生不知不覺就靠過去了。當另一半對外面的人動心起念，外遇的危機就出現了。

岳稜不服氣地說：「我要養家，我的薪水比他高很多，他應該要體諒我才對啊！」

我說：「你希望他體諒你，那麼你體諒他了嗎？只有你加班才辛苦嗎？你在外面工作何嘗理解在家裡的人翹首盼望你回家與家人團聚的心情，家人也需要你關愛的眼神啊！」

講到這裡，我從她臉上的表情發現，她從來沒想過這些。

我繼續說：「就算你的收入比較高，但孩子從保母家回來是先生照顧，如果光是你賺很多錢而不維繫家庭的和諧，這個家成不了一個完整的家。當你覺得先生離你愈來愈遠，你有沒有想過，也許是你把他推得愈來愈遠了?!當你把他愈推愈遠時卻又希望他忠心耿耿，我覺得在婚姻生活中，你希望他像一隻狗，不是一隻貓，貓很有主見還自由些；你把這隻狗綁上一條鍊子，你想放長就放長，想拉短就拉短，你不允許他按照自己的方式行動，只能按照你的方式行動；但你忽略了，你的另一半不是狗。有一天，當外面有人接近他，關心他、呵護他，給他好吃的，他可能會掙脫鍊子，尾隨而去……因為沒有誰願意過這樣完全按照別人掌控的方式過生活的。」她聽了默默地點頭。

工作，是逃避關係很好的藉口。很多工作狂，你覺得他們是因為在工作上很滿足，還是因為在家裡得不到滿足，相較之下，發現工作更吸引人，公司比家更好，因而願意留下來加班呢？

有些人回到家，和另一半話不投機半句多，無法聊心事也不能和諧共處，那麼下班後仍留在公司就不是必須而是逃避。我們會發現很多人不是真正在做事，可能在公司消磨時間或打電動。

聽完我擴充「外遇」的概念，岳稜知道是自己跟工作的外遇造成先生跟另一個女人的外遇之後，看待先生外遇這件事就多了一份理解和體諒。那些煩擾她的問題突然解開，第二天上課竟然遲到了，她帶著歉意微笑著說：「昨晚太好睡，我根本沒吃安眠藥就睡著了，一覺到天亮。」

身體不會騙人，當她改變對外遇的看法，整個思維也跟著調整，因為自己錯在先就不會那麼責怪先生，甚至對先生有一點點的愧疚，當她不責罵不生氣，心情就放鬆；從一個「長期失眠」的狀態到「一覺到天亮」，表示前一天的課對她已經達到效果了。

其實迷戀工作與忽略家庭都可能是婚姻的殺手。可是這忽略一不留意就會變成小火燎原，所以我們要隨時隨地保持覺察：不要因為善小而不為，平常的一句「謝謝」都能促進夫妻的感情；也不要因為惡小而為之，以為只是情緒上的發洩，接下來卻需要很長的時間彌補。

太投入宗教之後……

某日上課來了一位穿著套裝和高跟鞋的女性，後來得知她是一家企業的領導。外表看起來自信且快樂，但我特別注意到她身邊坐著一位看起來小她十幾二十歲的小男生，感覺兩人互有曖昧。

後來她的先生也來上課，一位醫生，長得很體面，我們聊了幾句，他為人善良，謙恭有禮。這對夫妻都年過半百，看得出經過很多歷練，從外在條件看，他們是很登對的夫妻。上完第一堂課他過來跟我聊了幾句，「天啊，這所有的思維跟我原有的想法完全是兩回事……」他坦言當天的訊息讓他無法承受，得回家花一些時間消化。他們唯一的兒子在讀高中，高中畢業要上大學的那個暑假也來上我的課。

那天在課堂上有個「體驗練習」，醫生舉手說著感想，感動到自己都哭了。他說：「我選擇的角色是父親。」當年他們好不容易有了第一個孩子也是唯一的兒子，當他出生時，因為早產需要住進保溫箱，老婆還在病房，他每天騎著腳踏車從家裡到醫院隔著玻璃窗看自己的孩子，那時孩子的生命跡象尚未穩定，所以他只要看到孩子「呼吸」就放心了，接著去病房跟太太說「孩子沒事……」他的心思回到那當下，因為身上湧動滿滿的父愛，他被自己當年的行為感動到哭了。

我跟這對夫妻熟識之後，先生邀我去他家，備妥好茶招待我，接著跟我聊佛法。原來他是個虔誠的佛教徒，近年來潛修佛學，家裡有個用隔間隔開的佛堂，每天念佛經，他喜歡談因果，常向大師請益。言談中他知道第三者的存在。

「你的課是太太堅持要我上，感覺是為分離做準備，但我不能理解。」聊天中，恰巧他太太過來問關於念高中的兒子的事，他敷衍幾句，太太則悻悻然離開，他繼續聊佛法，我們繼續喝茶。

我沒有探究他們家庭出現的問題，我覺得每個人都可保留自己的秘密。但聽得出來這幾年他們都封閉了自己豐富的情感。

聊著聊著，他提到文化大革命時，擔任軍醫的爺爺被打成黑五類關進牢裡。小時候父母把二姊送到爺爺奶奶家陪他們，當時只有這位五歲多的二姊可以送飯到牢裡給爺爺吃；但二姊送飯時得經過地下室一段很黑很暗的通道，一路忍受大人的羞辱、嘲弄，二姊曾說，她寧可做任何事也不想去牢裡為爺爺送飯，但如果她不送飯給爺爺，爺爺可能會餓死在牢裡。

文革過後，二姊回到家，但個性古怪不合群，其他兄弟姊妹都討厭她，只有他體諒，想為二姊做很多事，希望她快樂，「我很納悶，我對二姊這麼好，她為什麼始終悶悶不樂？」

我借用惠子的一句話回答他：「子非魚，安知魚之樂？你只按自己的方式希望姊姊快樂，並沒有真正理解她過去的辛苦和現在的需要；或許二姊只是需要一份尊重和獨立的空間，和你想給的並不一樣。」

我很巧妙地從這裡回頭談他的家庭：「這就好比你想用自己方式愛老婆，可是她感受不到，因為你不知道她真正需要的是什麼樣的愛！」

「她需要什麼？我真的不知道。」他把夫妻關係合理化為因果。我說，如果要追溯因果，今天的果就是過去的因。

我覺得這個家庭面臨的是「宗教外遇」的問題。

我問他：「當一個女人愛不到自己愛的男人時，會做什麼？」

他反問我：「會做什麼？」

我說，她在家裡面對信仰不同、興趣不同的先生，當她得不到關愛，可能會把自己的愛投射在工作；如果工作上得不到滿足，可能會把情感轉向孩子；但孩子大了，到國外念書，她可能把心力轉向寵物，寵物也許願意安靜傾聽她的心事卻無法與她交流，更撫慰不了她內心深處真正需要的，包括身體上的需要。這時，外面男子一個不小心的撩撥，管他年齡差距，最後可能就發生我們眼中的外遇。

我完全體諒他太太的無奈與孤單，「你在家裡弄個佛堂，佛堂有個門檻，幾乎把所有人都隔在外面，即使太太想親近你卻感覺一尊佛在那兒，一般凡夫俗子愛你有多痛苦啊！」我說這裡，他就哭了。

如果夫妻兩不敢把真正的話表達出來，但每天下班都要走進一個屋子，他進佛堂她進工作室，這兩個在事業上都很有成就的人，卻促成一個錯的家。

很多人認為只要外遇對象不是人就有很好的藉口——我沒有真正發生外遇。另一半也一樣，只要外遇對象不是人都可以接受。

但我覺得宗教外遇更甚於其他外遇，有些有名的宗教在你遇到困難時成為避風港，大家趨之若鶩的在這個團體找到歸屬，甚至藉由宗教團體行救援或善事得到很多回饋和回響，當你的價值存在了，你在團體得到諒解了，但是回到家裡卻得不到相等回報時，你反而更會把宗教變成你的家，甚至把家裡的財產往宗教搬，離家就愈來愈遠了。

繁華世界裡的外遇

除了宗教外遇，還有旅遊外遇、藝術外遇等等。譬如在家裡感受不到溫度，與另一半幾乎無話可聊，於是開始利用周休二日規劃短程旅遊，揹著背包去爬山、遊覽風景區，或者搭車、騎自行車、開車，獨自一人出遊。

在外面他們才找到了自己，因為心靈有了安頓，被大自然接納，被美景接納，在旅遊的過程中，他們覺得很愉快，慢慢的出遊次數增加，甚至跨越到別的縣市或其他國家。

這些旅程，他們都是獨自行走，由於離家，他們藉由大自然找回了自己與自己連結的空間，漸漸的規劃每半年長程的旅遊，例如到京都賞楓、到北海道賞雪景、澳大利亞看春天、到歐洲看古堡……沉浸在大自然的美景中，疏忽了家庭，因為他們的心已經飛向外地，逐漸釀成旅遊外遇。

如果把外面的風景擬人化，雪景是個人、楓葉是個人、高山流水是個人、春天花朵是個人、秋天落葉是個人、冬天雪景是個人、古老小鎮是個人、繁華城市……這麼多迷人的景致引誘著我們，怎麼可能不與旅遊產生外遇？

原因正是：在家庭裡找不到歸屬與接納，無法安身於家。

我認識一對夫妻，兩人對戲劇的欣賞南轅北轍，一個愛歌劇一個愛歌仔戲，家裡若放一方欣賞的曲目另一方一定批評。有一次我去這對夫妻家，家裡剛好放歌劇，不喜歡的先生就說：「你看，那在叫什麼東西，扯高嗓子尖銳的聲音？」但另一半卻享受在音樂的旋律裡，聽到了音樂裡的喜怒哀樂。

喜歡歌劇的太太也喜歡畫展，兩人相偕外出，太太進去看畫先生在外流連，久而久之，太太就一個人看畫展，天天迷戀在藝術表演和靜態活動裡。

什麼叫外遇？看畫展不是外遇，看藝術表演不是外遇，參加宗教活動不是外遇，出外旅遊也不是外遇，甚至衝刺事業不會外遇，但是，如果你參與的這些活動已經多過你與家庭的互動，你的情感已經轉移到這些地方，就叫外遇。

夫妻倆之間失去激情，各自被別的東西吸走，對於更有吸引力的外物的熱情，超過對家庭和另一半的熱情，那就是外遇。

我們所談的這些「外遇」，通常都是太在意自己要的而忽略另一半，於是就主動外遇了；從另一角度看，這也更突顯伴侶之間的差距。

差距未必是壞事，但要注意的是，夫妻之間究竟只是短暫的求同存異，兩人有共同的生活，尊重彼此的差異性，並允許對方擁有自己的空間？還是完全為了自己的空間而忽略兩人的關係？這是值得思考的。

Part II

引導

引導個案換個角度看待原先的糾葛，
發現也許並不是自己所看見的模樣，
於是問題再也不是問題了。

換位思考

我們遇到問題時，常會因過去的經驗、精神狀態、生活模式……決定事情的是非對錯，但卻忽略了在這過程中可能誤解對方，因而造成彼此的衝突，或一些沒必要的困擾。

「換位思考」是給自己一個機會，雖然你不是他，但在相同的位置，也許有相似的情感，有助於了解彼此，減少誤會。即使不能接受這個事實，也因為理解而多一份尊重，多了一份同理心。

若你能設身處地為他人著想，換個角度看待問題，你會發現，問題也許並不是你原先所看見的模樣，甚至有可能問題就自行化解，再也不是問題了。

所以這堂課想藉由「一張椅子」，讓大家有機會站到對方的位置，體驗那個角色的想法、感受。

假戲真做，躁鬱相隨

我在上海機場候機室，正等著返回台灣，接到一通承辦單位的電話，說有個特殊個案想報名成長課。飛機因起霧延誤了一個多小時才起飛，時間充裕，我就請承辦人員描述個案的狀況：電腦工程師，在壓力下常出現「躁鬱」狀態，工作期間曾因情緒失控而被要求在家接案，目前是SOHO族。但她不想依賴藥物，更希望靠自己的能力站起來，「不知道這樣的學生，老師接不接？畢竟是團體課，我們怕她擾亂秩序……」

這十幾年，我遇過不少躁鬱症學員，最常見的是躁症、鬱症交互出現，而且是持續性非暫時性的情緒。不過，一般人在報名時會隱藏自己的症狀，深怕遭拒，她卻主動說出來，「我想知道為什麼？」承辦人員回答：「因為她不覺得可恥。」我衝著她願意改變的勇氣一口答應。

她姓李，年約三十，名字中有個薇，家人叫她「小薇」，她說可以這麼叫她。小薇身形瘦長，訂婚多年卻始終沒有結婚，目前跟父母住在一起。

初次見面，她很有禮貌地主動跟我打招呼。由於我接納她，無形中建立起友善的關係，從某個角度看，治療已經開始了。

當天的重點談「溝通」，談自己與他人的關係，還有溝通對人產生的影響……小薇是個極度聰明的人，每每在其他人還聽不懂時，她就明白了，會搶在大家之前發言，不過，對於反應較慢的同學也會情不自禁地露出鄙夷與不屑，「你講話慢吞吞的，到底要講到什麼時候？」她甚至情緒一來，「啪」的一聲，站起來開罵，戰火一觸即發……上課還不到半小時，我就見識她刁鑽的一面。

有次，她談話的氣勢佔上風，便開始大談自己的問題，用字不斷重複，希望我先幫她解決。這下換其他同學看不慣了，說她幾句，小薇不甘示弱，當場大發雷霆。我發現她會將自己的症狀當「優勢」，以此為「特權」要挾別人，為所欲為。我立刻打斷她的作為，小薇以略帶哀求的口吻說：「老師，對不起，我控制不了自己……」我是不吃這一套的，過去也有學員跟我說過類似的話，其實他們內心的聲音卻是「我就是這副德行，我不想改變，你們改變就好」。

為了維持秩序，我馬上跟她設定界限：「首先，不管你有多苦，我願意陪你；其次，在這裡，你沒有暴力發作的空間，包括言語暴力，如果出現暴力，我會請你出去。你是成人，我相信你可以為自己的行為負責。」

見我疾言厲色，她愣住了，略有不悅；再過一陣子，她嘗試挑戰我的界限，見我不為所動，才緩和下來。

其實只要不刺激小薇，她的情緒還算穩定，有時也會主動談以前上課的情形。她上過一些其他成長課程，有諸多抱怨，「他們把我的傷口拉開，卻沒有處理……」這句話對我是很大的提醒，我會更加小心謹慎地觀察個案當下的狀況，不希望他們離開後在別的地方也這樣說我。但並不意味著我掉進她的策略而特別照顧，因為每個來上課的學員我都一視同仁。

上課時，只要小薇有好的表現，我會讚美她，並隱諱地讓大家知道，被診斷為「躁鬱症」的她在某些表現是值得理解、受到讚許。小薇得到關注，反過來也願意尊重別人，其他人就比較能接受或包容她異於別人的行為。

小薇的個性兩極，興奮時會高談闊論，憂鬱時畏縮膽怯；一下很熱情一下很冷酷，我遊走在她的情緒與其他學員之間，小心謹慎，如履薄冰。

小薇的博士班念了兩年多，我很好奇是什麼原因造成她的「躁鬱症」。後來得知，她爸爸是盲人，以按摩為生。小薇瞧不起他，念小學時曾因忘記帶作業打電話求救，爸爸急了，直接叫一部計程車幫她送到學校。小薇爸爸拄著手杖出現時，引起同學的側目，小薇搶走作業，推爸爸快離開，「丟臉死了，快走。」

按摩靠勞力，收入頗豐，雖然小薇看不起爸爸，他卻是家裡的經濟支柱。

爸爸三十八歲那年從樓梯摔下，右手骨折，家人非常震驚，或許是擔心萬一爸爸倒下，全家的經濟就垮了。從此，每個人對爸爸照顧有加，他想吃什麼媽媽都雙手奉上，爸爸因此得到無上的寵愛，也提升自己在家裡的地位。

小薇不知不覺地模仿，內化成自己的模式：潛意識裡塑造自己的「弱勢」形象，希望變成另一種「優勢」，像爸爸一樣獲得家人的關愛。我相信小薇絕對不是刻意用這種模式博取同情，但身體的智慧吸收心理的暗示，這就好比你希望生病不用上學，身體是會配合，可能就生病了，小薇的例子就是如此。沒想到「假戲真做」，弄得全家雞犬不寧，最後變成「躁鬱症」。

八天的課程分兩階段進行，中間相隔一個月。這是有用意的，目的是讓同學把上課所學實踐到生活上，類似「學習」和「實習」的過程。

上第二階段的課時，小薇在全體同學尚未到齊之前，走到我面前說：「我幾乎快一個月沒發過脾氣了。」

「很棒啊！」

「卻在前幾天，我又大發雷霆了。」

「發生了什麼事？」

「你不是要我負責嗎？所以我為自己燙了裙子……」

原來小薇每個月的第一個星期一得回公司開會。星期日早晨，她從抽屜拿出起皺的裙子，桌上墊一塊布，不熟練地用熨斗燙平。那天天氣晴朗，萬里無雲，媽媽走過來，揚起手好意地說：「去去去，你出去運動，我來幫你燙裙子。」媽媽催促她到戶外享受溫煦的陽光，於是小薇放下熨斗出門。

媽媽小心翼翼地幫女兒燙裙子，沒想到中途接了一通電話，忘記把熨斗移開，竟把她隔天開會要穿的裙子燙焦了。小薇回來見狀，火冒三丈，破口大罵：「你的腦袋瓜到底有沒有問題呀你……」舉起手幾乎要打人，媽媽就哭了。

我聽到這兒說：「小薇啊，經由你的描述，等一下在課堂上，我想呈現一個立體畫面讓你體會，不知道你願不願意？」她不假思索地回「好啊」，我說：「這需要你的幫忙喔！」

我請小薇扮演自己的母親，再邀請一位同學扮演自己，小薇找了坐在隔壁、對她很友善的小陳。

一開始，我請小陳燙裙子，這時小薇從屋外進來，看到正在專心燙裙子的女兒說：「去去去，你出去運動，我來幫你燙裙子。」。經不起母親一再的敦促，小陳換上球鞋到附近公園跑步。

我請小薇學母親燙裙子的樣子。這時電話響了，小薇立刻去接，講了一兩分鐘的話，裙子焦了……我問扮演母親的小薇：「裙子燙壞了，你的心情如何？」她說：「我很緊張，很害怕，怕女兒罵我。」

就在這時候，女兒從外面回來，接下來的場景就如小薇所描述的，女兒大發雷霆，不斷咆哮，甚至破口大罵：「你怎麼把我的裙子燙壞了，你的腦袋瓜到底有沒有問題……」劈哩啪啦，表演得有聲有色，不論肢體、語言、表情、聲音……配合舉起手打人的動作，都非常逼真。

這時候，扮演媽媽的小薇當場哭了。

我問她為什麼哭，她說：「我覺得媽媽好委屈，她只是不小心把裙子燙壞了……我理解了，我完全忽略媽媽的感受……」

此時，我讓小薇回到自己的位置，請另一位同學扮演燙裙子的母親。

我說：「小薇，現在面對媽媽，你最想跟她說什麼？」

她說：「媽媽，燙壞就算了，沒關係……」哽咽得完全說不下去。

我問小薇：「有這體會，回去之後你會對媽媽做些什麼？」

她說：「我不要等到回家，待會下課我就打電話跟媽媽說『對不起』。」語氣堅定，恨不得馬上就下課。

這麼短的時間內，我能提供小薇的協助極其有限，思想可以欺騙自己，但身體不會說謊，它忠實地貯存我們的經歷和情感。所以課程結束後我特別建議她，生病還是要看醫生，遵從指示吃藥，用藥物維持身體的平衡。「我知道你想改變生活，不過不會那麼快，需要一段過程，未來的路仍辛苦，但我相信一切都會好轉。」

一張椅子的溝通之一——母與女

我每次到一個團體上課，進入主題之前，都會請每個人簡單自我介紹、是什麼原因讓她

（他）想參加課程，以及談談自己的困擾、希望學到什麼……學員的問題五花八門，但半數直指「人際關係」，大部分都說生命中的重要他人，例如伴侶、孩子或父母不了解自己。

我聽完後，請大家做個體驗練習，兩人一組，一個人站在椅子上，另一人坐在地上，盡量挨著椅子，「兩人對視，不管發生什麼都不要說話……」幾分鐘後，互換位置。

練習結束後，我請大家分享自己的感想。

其中一位女學員書喬舉手發言。她自認為家庭工作都很順利，沒什麼需要改變的，直到她認識一位優秀的女性友人來上課，她覺得也許需要自我提升，就跟著報名上課。

後來她發現自己的問題是和孩子溝通不暢通，總是希望孩子按照她的想法去做，如果孩子不依她就發脾氣，並強制要求孩子執行，最終鬧得雙方都不開心。

就在前一天，她還為了要求女兒把早餐吃完才去上學，兩人又大吵一架，女兒甩門而出，她留在沙發上痛哭流涕。

她說，這個練習結束後，她開始頭疼，情緒一直失控，我鼓勵她試著說出來。

書喬說：一開始她選擇站在椅子上，不知道我要他們做什麼，也不知道會發生什麼事，內心算平靜但有所期待。當同組的朋友坐下去的一瞬間，「我臉紅耳熱，心跳加速，但還能努力控制，並且忍住……可是當同組朋友的眼睛和我對視時，我完全失控，因為那一剎那我感覺她就是我的孩子，自己平時對孩子說話就是這樣居高臨下的態度！我看到她仰望我的眼神，那麼的委屈，那麼的無助，那麼的無奈！我一刻也不想在凳子上站著，我要下來！我要拉她起來！我不要這樣對話！」雖然時間只有三分鐘，書喬感覺好像過了一個世紀之久，直到她從椅子上下來，和她平視，情緒才稍微平復。

「幾分鐘後，我們交換位置，我坐在地毯上仰望她時，脖子很酸，很累，感覺她那麼的遙不可及，我相信我孩子心裡一定也這樣想，『你高高在上倒是舒服，有沒有體會下面我的感受？』是呀，現實生活中，我的孩子就是感受這樣的折磨，平時我和孩子溝通都是用盡各種方法，威脅逼迫利誘讓孩子按照我的要求和計劃進行，我是多麼可惡的一個媽媽……我真的有考慮過孩子的感受嗎？沒有！總覺得我所做的都是為了孩子好，她以後會明白並感謝我所做的一切。可是我錯了，我終於知道我該怎麼做了，我一定要和孩子平等的交流，再也不要居高臨下！」

「一張椅子的溝通」是我上課常使用的一個工具，我發現雖然只是一張椅子，但每個學員的體會和感覺都不一樣。

一張椅子的溝通之二——夫與妻

另一個感受深刻的是小龔。

我記得她坐在離我最近的一張凳子上，上課前教室放著〈漂洋過海來看你〉。我一開始沒注意到她，但看她聽歌時情感融入在歌曲裡，閉目流淚，我就多看她幾眼。輪到她講話時，她說：「我和所有人都處不好，非常痛苦，抱怨爸爸、老公、孩子……」小龔形容自己冷漠、敏感、易怒、難以靠近……與周圍的人格格不入，導致她畫地為牢，在自己與外界之間豎起一道城牆……我聽了她的話，轉身對學員說：「有和爸爸關係處不好的，有和老公關係處不好的，有和孩子關係處不好的，還真少有和所有人關係都處不好的，你看來『失敗得很成功』。」她無奈地笑了。

小龔說自己薪水不高，上成長課的費用幾乎花掉了半年的工資。當初她不知道心理學是什麼，感覺很深奧離她很遙遠，所以錯過好多次的學習機會，直到發現自己問題很嚴重才終於決定參加，而學費是先跟姐姐借的。

我問：「你承不承認自己是一個怨婦？」她被我這一問，愣住了，即使她內心無法接受，但卻點頭說承認，感覺她在逃避些什麼，我不知道，但我尊重和允許她躲進自己安全的堡壘，我看出她情緒很不穩，就此打住。

接下來在兩人一組的椅子體驗，小龔一開始覺得挺好玩的，但隨後有一股莫名的憤怒，猶如胸口有一團烈火在燃燒，想抓狂大叫，又不知道要說些什麼。在分享體驗時她說自己好奇且迷茫，為什麼會有這種體驗。

我問：「生活中你常常會爬上凳子嗎？會不會生一些莫名奇妙的氣？」她想了一下猛點頭。常生氣是因為老公和孩子不按她的意願做事，而家人感覺她生氣得莫名其妙，結果全家都在生氣。

第一階段的課為期四天。第三天上課時，小龔說，第一天椅子體驗後，她晚上拉肚子，大腿冰涼，小腿麻木，輾轉反側，難以入眠。

我直截了當地說：「原本你是一個活死人，現在身體有反應說明你活過來了。」

我讓小龔把凳子搬出來，放在中央，站上去，用「命令」的口氣指著兩個分別扮演她孩子和丈夫的學員。但小龔怎麼也說不出口，我不斷地鼓勵她照做，「沒事，你就命令他們過來，生活中你不是做得很好嗎？」小龔猶豫再三伸出手指著一個女孩說：「你，過來做我的女兒！」但對方無動於衷。再過一會兒，小龔又以同樣的方式叫她的「老公」，對方依舊沒反應。那一刻，她體會到孤獨無助。

她崩潰了，不停地流汗，壓抑著內心的情緒、咬著嘴唇哭不出聲音，雖然我不停地說：「深呼吸，放聲哭，沒關係。」她依舊沒能大聲哭出來。

我問：「你還想站在上面嗎？」她猶豫了，那一刻她有點不想下來，但又渴望下來。我懂她的心情，「沒事，我陪你站著。」她才顫抖搖晃地從凳子上下來。

站在地上，她有一種踏實的感覺，只是小腿有點麻。

我問她：「如果他們（角色扮演的學員）不願做你的孩子和老公怎麼辦？」小龔說：「那就再換一組人。」我換一種方式，請她改用「邀請」的方式，她依舊有些害怕，時不時的顫抖，每當顫抖時我都讓她深呼吸。然後她走到一個學員的跟前，彎腰與她平視並真誠地說：「你可以做我的女兒嗎？」這位學員的眼睛濕潤了，站起身，我看得出小龔的喜悅和感動，接著小龔說：「我可以抱抱你嗎？」下一秒她們緊緊擁抱在一起。

選「老公」時，她用同樣的方式邀請到了「老公」，不禁喜形於色。我問她想和老公說些什麼的時候，卻發現小龔無法和他對視，剛剛喜悅的心突然一落千丈，還沒開口，眼淚如斷線的珠子滾落，然後艱難地抬起頭看著他傷心地說：「我不喜歡你，我真的不喜歡你。」說完失聲痛哭。

「你不喜歡他的原因是什麼？」我問。

「他是媽媽幫我決定的，我沒有選擇，可是我真的不喜歡他。」

「你不喜歡他是因為他是媽媽決定的，而不是因為他不夠好，是嗎？」

「嗯，是的。」

「你和你的老公說過嗎？」

「沒有。」

「那你告訴他吧！」

小龔看著扮演老公的學員說：「我不喜歡你，不是因為你不夠好，而是因為你是媽媽決定的。」當她說完後感覺到前所未有的輕鬆，可是與此同時，我也看出她的抱歉。

接著我要她說出老公的三項優點。她說：「我常買很多書，但是他從沒說過我；對孩子所有的事情都是我說了算；就算我不停地參加一些他並不理解的課程，甚至是借錢上課，他也沒有任何怨言。」

我問：「你有沒有想過，這個男人這麼包容和支持你，背後的原因是什麼？」她又愣住了，顯然沒想過。我們沉默幾分鐘後，她對「老公」說：「我可以抱抱你嗎？」他們擁抱在一起。我故意調侃道：「不喜歡人家還抱那麼久！」

小龔起身看著「老公」說：「我真的很想和你好好的過日子，可是我不知道如何是好，所以想離開。」說完她轉身想走。

我說：「你要把話說明白，剛說想好好過，現在又要走，你走的原因是不知道如何相處嗎？」小龔說「是」，我說：「我教你怎麼做！」

我面帶嬌羞的笑，滿眼愛意地看著對方，跟對方撒嬌，靠近對方，惹得大家哈哈大笑。小龔看了我的「表演」感到很為難，因為她學不會，也做不出來，「好多人說我缺少女人味兒，我想應該就是吧！我看著怎麼自己像有病……」

我說：「是病，是一種需要關心和呵護的病。」小龔難為情地對我說：「那我對著你做好了。」我馬上拒絕，「你想出軌嗎？我又不是你老公！」

最終小龔沒做出那個動作。我只好讓她用自己的方式表達。她看著眼前的「老公」，再一次熱淚眼眶，是一種久違的內疚和吶喊。小龔說：「你可以抱抱我嗎？」他們再次擁抱在一起，她感受到從沒有的溫暖。

當小龔再次和「老公」面對面時，我說：「問問你的老公，和他在一起你需要做些什麼？」當她問完，扮演「老公」的學員說：「你什麼都不用做，做你自己就好，你的上進心是我沒有的，我很欣賞。」一瞬間，直達心底的喜悅，讓小龔笑逐顏開，那一刻小龔的表情是幸福的。

課程結束後沒多久，小龔寫了一篇長文，談上課心得。

她覺得從「知道」到「做到」，把課堂所學實踐在生活中，還有好長一段路。就像上完課，她還是會爬凳子，因為那是她熟悉和保護自己的模式，但不同的是能表達自己的觀點，說明白發脾氣的原因，「當我能體諒他，我發現老公也像個孩子似的，會喋喋不休的說好多；記得一次在一條經常走的路上開車，我們聊天聊得開過了路口。」

她舉例，當她不再要求他，而是換一種說法，反而更容易被他接納。像老公經常在外面吃飯，以前小龔會說：「既然外面的飯那麼好吃，天天在外面吃吧！」現在則改口：「如果沒有什麼特別重要的事情，希望你能回家吃飯，因為也只有晚上吃飯可以聚在一起說說話。」當老公選擇在外面吃，她不會像以前發脾氣質問他，夫妻間有了更多的接納和允許。

或者她有時仍像以前那樣，但不同的是，事情過後會道歉。她說有一次兩人吵架，她感到內疚就去超市買了老公喜歡吃的水果，「對不起，我為剛才的吵架道歉，我只是沒有安全感，沒有自信。其實看到吵架時你不說話，我心裡也很難受。」說完有種想哭的衝動，就背轉過身去拿水果了，這時她老公接過水果說：「這挨罵也值了。」

「現在我才體驗到老師當初所說的，夫妻的互動就像跳雙人舞，得一進一退，一左一右才能搭配；當其中一人的舞步改變，另一人也會調整。我想我和老公的雙人舞才剛剛開始，也許很多時候不在節拍上，也許會跳錯、慢半拍，最起碼我已經開始翩翩起舞。」

對孩子，還是會有一些要求，也在摸索彼此的界限，但當孩子說一些在校所學的內容或者功課進步時，她會衷心的稱讚；此外她還是會不由自主地要求孩子要做什麼、玩什麼、幾點睡……不過彼此都在嘗試尋找舒服的相處模式。

最後小龔說：「參加完老師的課我有了新的認知，就是認命。很多事情沒有對錯，只是那是當下最好的選擇。我選擇妥協，轉身去嘗試新的生活。」

站上對方的位置，迎來更多空間

不過，有些事情無法選擇，例如「性向」。

我的學生中，有些人已經成為諮商心理師。某日我接到一通求助電話，「我遇到一個棘手的問題……」

原來有個從偏鄉來的媽媽，帶著二十五歲的女兒和女兒的朋友，三人一起到他的諮詢室，要求他，「請你快把我的女兒『改』好，拜託了。」這位媽媽一直強調：「我希望女兒幸福快樂，但她必須『改』過來。」

「『改』什麼？」

「我發覺我女兒像男的……」

女兒說：「我已經盡力了，但我改不掉，我就是喜歡女生。」同行的那個朋友就是女兒的女朋友。

學生打電話給我：「我對『同性戀』不了解，我查了很多文獻，該怎麼處理比較好？他們明天還會再來，而且先生也要一起來。」看得出他很焦慮。

我問這位學生：「你能符合她媽媽的希望，把她女兒『改』好嗎？如果能，那也太神奇了。」而且媽媽還把女兒的女友一起帶到諮商室，我覺得對他們都很不尊重。

我不是說媽媽錯了，但我覺得她用「愛」的理由，希望女兒符合她想要她成為的樣子，這點值得商榷。

如果你問我諮詢目標，我的答案只有一個，希望來諮詢的每一個人都能健健康康的理解他們所面對的事件。可不可能改？改了會怎樣？如果改不掉會怎樣？女兒的快樂，媽媽能替她決定嗎？

「我如果是你，我會先問媽媽這件事——如果你女兒『改』不掉，你還愛她嗎？你要孩子健康幸福，還是要孩子滿足你的想法？」

至於女兒，我會問：「你是為了對抗媽媽而不願意改，還是你真的發現自己改不了？如果改不了，你是沒有選擇的；如果不願意改，是什麼原因不願意改，是你愛上的這個人剛好跟你同性別嗎？」

原本我的學生覺得女兒很可憐，想支持女兒，以女兒的角度諮商，掌控全局。但我覺得不妨試著也考慮媽媽的立場，因為媽媽也很可憐。你想想看，在一個小鄉鎮，媽媽的確會緊張女兒喜歡同性，自責自己沒把孩子教好，懷疑是自己的問題，「媽媽也在跟你求救耶！」

聽了我的話，我的學生願意換一種方式，做全盤的考量。我建議他站在「人」的立場協助個案，試著讓他們「換位思考」，讓女兒站在媽媽的角度思考，媽媽站在女兒的角度思考，看能不能找到最大公約數，給彼此自由和尊重。

如果女兒能理解媽媽在農村環境承載來自家庭和外在的壓力，即使自己的同志身分不能改變，也許可以把傷害降到最低，不要硬碰硬，例如不需要手牽手帶女朋友回家；如果是遺傳和激素影響的同性戀，那就不是她自己的決定，卻要面對大家希望她去過不是她想要的日子；當一群女生都喜歡男生而她卻喜歡女生時，這需要經過多少掩飾躲避，這過程要歷經多少辛苦，她一定比一般人接受更多的挑戰，面對更殘酷的考驗，這是多麼不公平的對待，「這樣的孩子，你怎麼可以不愛她呢？」

我們身處的社會都以多數人約定俗成的觀念為觀念，以多數人決定少數人的生命，那其實是多數暴力。

如果他們願意互相站在對方角度思考，就有更多空間，容納更多元的結果。

婆媳也可以和樂融融

願意站在對方位置思考，不是一件容易的事。

我曾在一場活動中，與幾個學員輕鬆的談論「婆媳問題」。她們都發現跟婆婆在生活習慣和觀念上有很多差異，而婆媳關係或多或少影響自己跟先生還有整個家庭的關係，甚至下個結論，「處理好和婆婆的關係，家庭就和睦安定；處理不好，最後可能跟老公分道揚鑣。」

其中一位學員捷雅分享一則故事，就發生在他們剛買新房不久。捷雅的先生把婆婆請到家裡住一晚，婆婆踏進新家，四處走走看看，隨口說了一句話：「哎呀，怎麼這麼亂啊！」捷雅一聽，火氣就冒出來，頂了一句：「哪裡亂了？我覺得還挺好的啊！」她們婆媳關係一直不錯，婆婆疼愛媳婦，媳婦也尊敬婆婆，大家相敬如賓，所以當她回嘴時，婆婆嚇了一跳，但婆婆是個不錯的長輩，聽出媳婦的不悅，就沒再多說了。

有趣的在後面，隔了一個禮拜後，捷雅請爸爸媽媽來看新房，她爸爸說了一句和婆婆類似的話，「這客廳怎麼這麼小啊？哎呀，怎麼沒整理呢，亂亂的。」她竟然沒生氣。

談到這兒，捷雅也為自己的反應愣住了。

我問她：「為什麼你爸爸說的話你能接納，但婆婆說的話你卻馬上反彈？」

她一時之間回答不出來，但她的確覺察到自己不同的反應。她回：「以後婆婆說我不好的時候，我會盡量壓抑，不發脾氣……」

我說：「你聽過『相由心生』吧？你把情緒壓著，因為這負面情緒是由心裡表達出來的，你臉上儘管擺笑臉，恐怕比哭還難看。」

我說：「要不要試著『換位思考』，站在婆婆的立場，當兒子媳婦剛買新房，隨口說這樣的一句話，會令人反彈嗎？」

其他人聽了感覺還好耶！

另一位即將踏入婚姻的學員婚後確定跟公婆住，面對未來四個人的生活，她感到緊張跟恐慌。聊天時出現一個問題，「怎麼協調四個人想要的生活？」

我諮商時遇到過不少這一類與公婆同住的問題，舉個例子說，媳婦對生活品質的要求較高，處處希望有「好的」標準，可婆婆來自鄉下，卻又「可以就好」，這中間自然會有落差。如果可以心平氣和地關心彼此，尊重彼此的差異，協調到彼此雖不同卻可接受的程度，成為共同的約定，家人就可以和諧相處。當然這需要冒險。譬如，媳婦要一百分的狀態，但婆婆覺得五十就可以，這中間有一個落差，這時可以心平氣和地關心彼此，什麼原因要五十，什麼原因要一百，協調到彼此都能接受的程度；如果最後協調出七十五，這便成為雙方共同的決定，就要尊重這決定，為這決定負責任。

這時李玟說：「以我個人為例，我先生對於他父母提出的要求，往往不會拒絕，他會先答應，然後再回來跟我商量。如果他的決定我也認可，那好；如果跟我的意願相違背，我就會想，為什麼你不跟我先商量就決定了呢？他覺得他可以代表我們兩個人的意思，就直接做決定，往往最後的結果就是兩個人吵架。」

不管是夫妻或親子關係，我們常常忽略對方的想法，用過去的經驗替別人做決定，或者在壓力下不敢直接表達自己的想法或感受時，就用吵架或者跑得遠遠的方式處理。我們之所以沒有辦法把心裡的感受表達出來，都是因為害怕。我怕，是因為身為媳婦的我說了婆婆，讓別人覺得我不孝順；害怕跟先生說了，先生覺得我不愛他。這起源於我們內心最真實的渴求，我們希望被愛、被尊重、被接納，可是同時，我們忽略了別人也需要被愛、被尊重、被接納。

我們都是一樣的，在沒有自覺的時候會希望對方改變就好，但改變別人是不可能的，唯一能知道的是，那是過去他累積的習性和模式。我們常常在選擇，如果我們能換位思考，試著站在對方的立場上了解是什麼原因，而不是為什麼，因為「為什麼」就把問題封死了，是什麼原因讓婆婆老是這樣，如果是怕兒子離開她，覺得媳婦搶了她的兒子，那麼怎樣可以讓她安心，我們要設定一個空間尊重她，同時又有自己的空間，這不是一個人能做到的，需要夫妻共同努力，共同付出，經歷一些困難，才能一步步改變。

另一個學員小童也加入話題。她的婆婆是個不拘小節的人，有一年夏天到他們家，她覺得睡在地上比較涼快，就拿了一個枕頭睡在客廳的地板上。小童的衛生習慣跟她不一樣，就說：「媽媽，地板髒。」但婆婆覺得地板很乾淨啊！婆媳的問題來了。

小童：「說實話，我有點不舒服，我覺得她的衛生習慣不太好。」

我：「那你希望你婆婆怎樣？」

小童：「我當然希望她的生活習慣跟我一樣，但是我認為這不太可能。」

我：「『希望她的生活習慣跟我一樣』這代表你就是對的嗎？是好的嗎？」

小童：「可能我比較愛乾淨一點。」

我：「不是，我問你的是，當婆婆的衛生習慣跟你一樣時，代表你是比較健康的？還是你的是對的？」

小童：「我肯定覺得自己是對的。」

我：「『對的』意思是什麼？被肯定，被認同，你這想法需要被婆婆認同，也希望婆婆能接納你這個想法，是這樣嗎？」

小童：「我肯定會希望啊！如果婆婆能接納這些想法，就代表跟婆婆之間有一份愛的連結，也表示我們是有感情的。」

我：「你希望用這種方式傳遞你們之間的愛？」

小童：「我希望她的生活品質能夠更好。我想每個人都會希望自己一說什麼，對方馬上就接受了。」

我：「這個就傷腦筋了。萬一婆婆不能改變呢？」

小童：「如果她拒絕改變的話，我會嘗試去說服她。」

我：「這就回到了還是要她改變。除此之外呢？能不能尊重她，就像你希望婆婆愛你，尊重並接納你一樣？」

這兩個作媳婦的雖然不跟婆婆住在一起，卻存在一般的「婆媳問題」。我覺得，如果媳婦可以換位思考，換到「婆婆」的位置上，尊重婆婆的習慣，接納婆婆，上述這些問題就會簡單多了。

與自己相遇

那年夏天，我應某機構邀請，為一個關心教育的團體上成長課，這些成員超過半數是年輕老師，此外還有大學教授和一群從事教育工作的朋友。

他們雖然為人師表，為學生授業解惑，也有許多困擾著自己、不知如何解套的事情。追根究柢，可能是來自各自成長的生活經驗。

很多父母常對孩子說：「我都是為你好。」卻在不知不覺中給孩子造成許多傷害，要不是給得少，就是給太多。

成長過程，有些人不敢表達自己的情感，不敢要，不敢冒險，一直生活在別人的陰影裡，希望因此得到別人的讚許。有的相反，在少子化的現代社會，他們是家裡的獨生子、女，很多家長為了家族有後，幾乎是上兩代人都在「溺」一個孩子，他們要什麼有什麼，擁有得理所當然，一旦沒要到自己想要的東西，反而怨天尤人，生氣抱怨……這次課程的重點就在協助他們「與自己相遇」，找到自己。

生平第一次，和自己相處

小耿是位年輕的女老師，母女倆都在同一所學校任教。我在與小耿的互動中發現一個現象，她舉手提問時常常一句話還沒說完就哭哭啼啼，看得出她不快樂；跟她對話時，她常恍神，聽而不聞，視而不見。表面上，她似乎在聽你說話，但人不在當下，自顧自地活在自己的世界。她希望我可以幫她處理她的困惑。

我跟她談事情，她說得斷斷續續，都是瑣碎的片段。

她成長過程中發生很多事，總而言之，她的理解總是跟媽媽說的不一樣。她心情不好，委屈而哭泣時，媽媽就罵：「哪來那麼多眼淚？」媽媽不希望她哭，小耿只好笑；所以小耿從小學會聽從母親，以致於不會真實地表達自己的情感；類似的例子重複出現在她的童年歲月，致使心理產生混淆，不知道哪個才是真實的自己，或者她不知道什麼才是事實。

我請她找出一個同學代表自己，另找一人扮演她的母親。

我請小耿和母親面對面站著，扮演者就在小耿的身旁。我問小耿，小時候有沒有看過母親獨自啜泣，或是類似的事情，她回答說有一次，母親在洗碗的時候，好像在哭，因為她看到媽媽眼角的淚水。她問媽媽怎麼了，媽媽回頭告訴她：「我很好，沒事的。」幼小的她覺得奇怪，不知道什麼才是真的？這時候，我遞給她一卷衛生紙，請她把扮演者的眼睛用紙給蒙起來。我問角色扮演的朋友，當眼睛被矇住時候的感覺，她回答：「我害怕，因為看不到。」我回頭問小耿：「這種感覺熟悉嗎？」小耿說，她常有這種感覺。

小耿把在教室裡聽到同學說別人的壞話告訴媽媽，媽媽斥責她，「小孩子不要亂說，同學說的都是假的。」她產生困惑，「到底誰講的才是真話？」好像媽媽講的永遠都對，她聽到的都錯；漸漸的她不知道該聽誰的。這時我請她轉身蒙住扮演者的耳朵。

當角色扮演者的眼睛和耳朵都被蒙住的時候，小耿開始哭泣。

母親扮演者卻說：「這有什麼好害怕的，你要勇敢。」這時候小耿停止了哭泣，轉變成輕聲的啜泣。

我問小耿：「你是不是很多時候有情緒想表達卻不被允許？」她說：「是。」我再請她用衛生紙把扮演者的胸口綁起來。她從腰部開始往上纏，角色扮演的同學感覺胸口堵住，很不舒服。我轉身問小耿本人：「你有沒有這種感覺？」她說：「對，我常胸悶，有話說不出來；我也常躲在自己的世界，不想看，也聽不到別人說的話，覺得這樣比較安全，因為媽媽也不允許我到處去找朋友玩，不許給別人添麻煩。」

我問小耿：「你是不是不敢邁開腳步去冒險？」她說：「是。」凡事得要十拿九穩的才會去做，不然會躲在家裡。說到這裡，我請她把扮演者的腳綁起來。「既然躲在自己的世界很安全，那就繼續躲著不要看，不要聽外面的聲音，你覺得這樣好不好？」她哭得傷心的說：「我不要，因為很不舒服。」

小耿有姊姊，很多時候姊姊的衣服都留給她穿，當妹妹的她很納悶，為什麼姊姊永遠穿新衣而自己永遠穿舊的。曾經她也要過，可惜總不如她所願，久而久之，她也就不再要了。我再一次請小耿綁住扮演者的雙手。當小耿看到扮演者全身被捆綁起來的時候，反而怔怔地望著，說不出一句話。

我對小耿說：「這就是你。這些年，一路走來，乖巧的你，不知不覺地把自己捆綁成為今天的樣子。」

當小耿扮演者全身被綑綁時，感覺胸口被堵住般，頭暈目眩得快站不住了。

我問小耿本人：「這種感覺熟悉嗎？」她看著被自己綑綁起來有點像木乃伊的扮演者

說：「有，扮演者所呈現的感覺，我絕大部分有，所以我常覺得自己很虛。」

我問小耿：「這是你要的生活嗎？如果你不要，你能做什麼？」她沒答話。

我再問：「如果可以讓你鬆綁身體的一部分，你會鬆綁哪裡？」她回：「我想鬆綁自己的『手』。」我再問：「問問你的內在想鬆綁什麼？」扮演者說：「我想鬆綁『眼睛』。」這裡呈現小耿本人和扮演者想法分歧。

我問扮演者：「為什麼想鬆綁眼睛？」她說：「我什麼都看不到，非常害怕。」我問小耿：「為什麼想鬆綁手？」她像開竅似地說：「鬆綁手之後，其他的地方就可以解開啦！」

我就笑了。小耿問我笑什麼？「你看，你的外在和內心兩個世界正在打架。」

她愣了一下。

我說：「理性上你想把自己的手鬆開，可內心卻想睜開眼睛看清楚看明白，我不知道這對你來說是不是真實？」

這一說，小耿就哭了：「我的確是這樣。」因為她常靠知識學問決定事情，而不是聽從內心的聲音。我說既然這樣，你們打個架，好好聊一聊吧！我讓小耿和扮演者討論一下到底先鬆開哪裡最好。

後來她們的結論是聽從內心的聲音，先把眼睛撥開，當矇著的眼睛被解開後，扮演者說：「天啊，我從來沒有這麼清楚地看周遭的事物，每個人看起來都好善良……」

我問小耿同不同意扮演者的說法，她同意，這時她不需要母親告訴她對或錯，一切都由自己眼睛看到的來決定，這的確也跟扮演者的感覺一樣。

接著，扮演者一步一步解開身上所有的捆綁。其實每一個鬆綁的步驟都有意義，都代表內在的反映，例如鬆綁手後她手舞足蹈，表示以後可以為自己爭取；鬆開腳後她覺得比較踏實，表示以後可以自由走動；鬆開耳朵，她甚至可以聽到自己的心跳；最後鬆開的是胸口，意味著情感可以自由地表白，頓時輕鬆自在……

小耿同感，她可以聽、可以說、可以做、可以想、可以感覺……想做什麼就做什麼，她得到自由，非常開心。

我告訴小耿：「這麼多年來你不曾跟自己好好相處。你嘗試看看，怎樣的方式才是適合你的生活方式，角色扮演是你的內心自己，尋找一種扮演者可以接受而你也可以接受的方式，你是心的主宰，帶著你的心不離不棄……」她們到另一角落相處聊天，花一段時間體會身心結合。我問小耿的感覺，她說：「通體舒暢。」

最後我讓小耿面對扮演的自己做個承諾，從此會帶著自己的心走在人生的道路，並以成人之姿跟母親表白。

循著身體線索，聽內心感受

小耿的故事激起徐老師的勇氣，她很內向，說話的聲音很小，我開玩笑說，小到只有螞蟻才聽得見。我特地站到她跟前，聽她話說從頭。

徐老師有兩個弟弟，爸媽不睦，經常爭吵；父親在外急公好義，形象不錯，回到家卻粗暴至極，動不動就對家人拳打腳踢。她舉例，有一次她端碗盤不慎掉在地上，爸爸一個巴掌就揮過來；某日她跟弟弟坐同張椅子，小孩玩心重，一不小心把弟弟擠到地上，弟弟哭了，她也挨巴掌，罵她不夠資格當姊姊。特別的是，親眼目睹這一幕的媽媽並沒有伸出援手，有時反而落井下石。徐老師在家得不到溫暖，急於出嫁，在同事的介紹下與現任先生相戀，不到半年就結婚。不過當徐老師組成家庭後，竟發現她的家跟原生家庭一樣；她跟先生的感情也不好，夫妻的情緒都轉嫁到孩子身上，兒子常挨先生的揍，就像當年爸爸對她一樣；更不可思議的，她竟然也沒伸出援手，就像當年媽媽袖手旁觀，致使徐老師一直處於焦慮不安中，「請問，我為什麼會這樣？我該怎麼辦？」

我聽出對她影響最大的是小時候來自父母親跟她的相處，所以我請一位學員扮演她的父親，另一個學員扮演她的母親。

當現場出現父親指著她罵時，站在一旁的母親不但未加阻止還加油添醋，「活該，你就是欠罵。」由於當時呈現的是小時候的概況，所以我讓徐老師蹲在地上，當她聽到父母親的對話時，突然歇斯底裡，頭也不敢抬起來。我則蹲在旁邊陪她，「想哭就哭出來，不要壓著……」她一直啜泣，我問她是什麼感覺，「害怕。」「除了害怕還有什麼嗎？」她說：「委屈。」我說：「你就直接把心裡的害怕和委屈說出來，不需要看任何人的眼光……」她說：「生氣。」我問：「你生誰的氣？」她說：「生爸爸和媽媽的氣。」我鼓勵她把積壓在內心的感覺都說出來，「你就當著他們的面說『我生氣我害怕我覺得委屈，我生你們的氣……』。」徐老師的聲音，一開始氣若游絲，接著愈說愈大聲，最後震天價響，教室的每個角落都聽得到，當她完完全全把自己的情感表達出來時，她感覺整個人都輕鬆了。

我說：「你現在站起來抬起頭，你想看誰？」她答：「父親。」

但她蹲太久，一時之間還不敢站起來。我說，那些都是過去式，「你現在幾歲？」她答：「四十。」我說：「四十歲已經是大人了。」她停頓了一會兒，終於站了起來。

當她站起來視線與父親交會，以成人的眼光看父親，把過去不敢說的話說出來、不敢表達的情感表達出來時，「咦，我怎麼沒那麼怕了？我怎麼不覺得委屈和生氣了？」她看到不一樣的父親，不是小時候的父親，「怎麼會這樣？」

其實小時候孩子看大人都很高大，就如她蹲在地上仰望大人的感覺，特別在父母親頗具威嚴的年代。但是當她站起來時已經長大，父親不再那麼巨大，彼此的距離也拉近；相較之下，與父母的關係比較平等。這好比我們小時候看阿兵哥是大人，但長大後看當兵的都是小孩，因為「視野」不同了。

於是我建議她：「直接告訴父親，我不再怕你了。」她照著說。

我問她現在用新的角度看父親，有什麼感覺？她發現自己沒那麼生氣，而且看到父親的可愛和熱情，竟有點心疼。我再問：「你現在最想做什麼？」她說：「我從來沒有抱過他。」我指著扮演者說：「他雖然不是你真實的父親，不過你可以在這裡體驗一下跟父親連結的感覺。」於是徐老師抱著扮演父親的學員痛哭，「我期盼這一天很久了。」她這一擁抱，既溫暖又踏實，感動全整學員。「這是美好的體驗。」我說：「你可以把這體驗帶回家，但不要把你爸嚇到了，要慢慢來，在家裡先創造好的氛圍，循序漸進。」

我也問她有沒有什麼要跟媽媽說的，她問：「當年我挨打你還落井下石，我對你有怨，想知道為什麼會這樣？」

扮演媽媽角色的人說：「你可以做得更好，但你卻故意硬碰硬……」這是很有趣的現象，我問：「這有可能是你母親說的話嗎？」她雖然不想承認，但的確是這樣。

關於她都穿姊姊舊衣的疑惑，媽媽回答：「那是因為經濟不允許，很多家庭都很節儉，我們並不是不愛你。」

至於對待自己的兒子，她卻從中發現自己的個性和脾氣竟然跟母親一樣，不過經過這次體驗，她願意稍作調整，嚴而不厲，不再那麼暴躁，嘗試控制自己的情緒。

最後她發現自己其實是個熱情的人，不過今後會先把熱情拿來面對家人，行有餘力再對待別人。

最後我問：「你仍然焦慮嗎？」她說不焦慮了，大概知道該做什麼了。

第二天徐老師愉快地走進來上課。

我當然知道不可能上一次的成長課就萬事ＯＫ，一定需要經過一段過程一點波折和一些時間才有顯著的效能，但能夠透過身體體會內心的感受，這經驗難能可貴。

要太多，是對自己苛刻了

陳教授的例子比較特別，她沒跟親生父母住一起，卻多了一個家庭的愛。愛會嫌多嗎？有些人從來沒有，想伸手要，有些人自以為是王子、公主，家人什麼都給。我讓陳教授找回原來屬於自己的「本分」，有些不該拿卻拿到的，需要感恩，沒拿到的不去責怪——這是我初步理解陳教授之前說的話。

陳教授一開口就直言，目前她罹患乳腺癌且心情不佳，「我得不到家裡的愛，需要做心理治療。」

就醫學研究的角度看，癌症有可能是基因突變；但就心理因素而言，壓抑的情緒也容易罹癌。我跟她初步對談發現，她對生活有很多不滿，這應該是主要的壓力來源。

陳教授有一個哥哥，當然也有爸爸媽媽，但她長大才發現爸媽不是親生父母，而且現在的爸爸是招贅進來的。聽她的敘述，這個家庭的關係是：外公外婆都喜歡她但不喜歡爸爸、媽媽對哥哥好但對爸爸不好、爸爸對哥哥不好且父子常起衝突；家裡的每個成員都對她很好，尤其是在家被孤立的爸爸非常疼愛她，只有哥哥對她不好。

家中有一對夫婦常來作客，陳教授叫他們「姨丈」「姨媽」，姨丈在陳教授心目中是個懦弱的男人，她不喜歡；姨媽會問她過得好不好，但她比較像隔壁大嬸，沒有特別的感覺。陳教授長大，好事的鄰居偷偷告訴她：「姨丈和姨媽才是你的親生父母……」她聽了非常震驚，與他們漸行漸遠，即使唸完博士學位，目前在一所大學擔任教授，仍不諒解且不跟他們來往，學生時期的畢業典禮更不讓他們出席。

我不知道陳教授進入這個家庭的原因，她的親生父母應該有苦衷，至於她有沒有問出究竟，這細節我尊重並不過問。

大她七歲的哥哥結婚後，嫂嫂可能受哥哥影響，對爸爸也不好，致使爸爸在這家族繼續被孤立；儘管如此，爸爸始終對陳教授很好，這一點沒變。

沒多久第三代出生了，家人的注意力全在新生兒身上，連爸爸也特別疼愛孫子，對陳教授的關愛逐漸遞減；媽媽的重心仍在哥哥身上，對媳婦也很好，婆媳互動不錯，但哥哥依舊對她不好，她與嫂嫂也沒有互動，陳教授覺得自己被孤立，心情非常低落。

外公外婆還在的年代，家裡維持著基本的和諧，當他們陸續過世，家裡起了微妙的變化。她發現媽媽因為瞧不起爸爸，常吵架；一向挺她的爸爸變得更弱勢，再加上姪子出生剝奪了長輩對她的愛，陳教授感覺一下子失去太多，變得很不開心，心生怨恨，想逃家……這是她來上成長課的過程。

我首先讓她體會站在外公外婆面前像個公主似被呵護的感覺；由於同輩的只有哥哥，我讓他們兩個做比較。

我說：「你想想看，你是人家抱養過來的，哥哥是家裡唯一的兒子，你有外公外婆還有爸爸對你好，媽媽其實沒有對你不好，而且爸爸還常常跟哥哥吵，你覺得誰比較幸福？」在場的學員七嘴八舌，都認為陳教授比較幸福，「誰像你有這種待遇，抱來的還當公主？難道你希望大人都對你哥哥不好嗎？」

陳教授低頭不語。

「哥哥長你七歲，你來到這個家庭之後搶走這麼多人對他的疼愛，他怎麼可能對你好？而且他是家裡唯一的兒子，以前有一隻雞腿是哥哥吃，你來了變成你吃，我覺得哥哥對你的嫉妒或生氣都是有原因的。」

我有感而發：「你只看到不足，所以看到愈來愈少的部分，不會心存感激。他們從小栽培你，供你讀到博士，讓你在家裡當大小姐，還抱怨什麼？況且姨媽和姨丈都會回去看你，如果親生父母不關心你，可能常回去看你嗎？」

我讓她分別跟飾演外公、外婆、爸爸、媽媽的學員說話，問陳教授從他們身上得到什麼、學到什麼。她緩緩道出了他們善良、愛心、體貼、溫柔……當說出這些特質時，她發現這些優點自己也有，原來她在這個家庭擁有這麼多的愛，當下非常感動，並感激他們的給予，也承諾把這些愛放在自己身上，好好接受癌症治療。

她當下的體驗是身體變得很有能量，但隔天卻說：「我不相信這能持續多久！」沒錯，因為她希望上完課有奇蹟出現，心情立刻變好，我說：「如果你相信並體驗這轉變在你身上產生的能量，可以釋放你身上的怨恨，天天去感謝自己所擁有的，你的心情一定會愈來愈好。如果你要太多，你永遠不會滿足，這我就沒辦法了。」

要太多，永遠也沒有滿足的一天。

學習「只」跟自己在一起

一個還不到三十歲的律師，在課堂上傾訴了自己的苦惱。她厭倦現在的工作，雖然這曾經是她理想中的職業，然而歷經一番波折，已經失去原有的意義，對於接下來到底該做什麼不甚了解，「我不知何去何從。請問我該『如何找到生活的目標和人生的意義』？」

自古有「三十而立，四十不惑」的說法。大意是人在三十歲時就應該確定自己的人生目標與發展方向，如此一來，到四十歲就沒有什麼可以顧慮和疑惑的了。在我看來，三十而立的「立」是指內在的自立，對自己做事的態度堅定而且有自信；從而立到不惑，我認為是人生最好的光陰。

一個人在三十歲以前是用加法生活的，就是不斷地從這個世界收集自己所需要的東西，比如經驗、財富、情感、榮譽等等；但物質的東西愈多，人愈容易迷惑。四十歲以後，就要開始學著用減法生活了，捨棄那些不是你心靈真正需要的東西。

我們的內心就像一棟新房子，剛搬進去時，買很多家具，會花心思裝潢和布置；時間久了，這個家塞滿了，反而沒有地方放自己。所謂「減法」就是捨掉不想交的朋友、拒絕不想做的事情、不想賺的錢、多餘的物質；當你知道如何捨棄且敢於捨棄，才真正接近「不惑」的狀態。

回到年輕律師身上。到達而立之年時，身心開始進入另一個階段，會出現莫名的不安，總覺得生活還缺少什麼，僅有外在的東西，例如房子、車子等，遠遠不夠，然而，一旦開始思考自己真正的需要和喜好時，卻卡住了，一時間無所適從。怎麼辦呢？

我回答她「讓時間決定」，這答案讓她很不滿意。

所謂的「目標」有兩種，一個是外在的生活目標，一個是內在的精神目標。無論做什麼事，這兩個目標都是並行的。例如，原來你的外在目標可能是賺兩百萬，而你的內在目標其實是安全感和愉悅感。以前你以外在目標為指針行動，以為如果賺到了兩百萬你就安全也愉悅了；但我見過很多人賺了兩千萬、兩億，更多的金錢反而使自己陷入更大的不安和苦惱裡。當然，也可能像這個女孩一樣，找到自己夢寐以求的職業，卻失去了意義。

所謂的「意義」會隨時間而變，倒不如把每一天都過好。有人會想昨天哪些事沒做好，想著將來應該做什麼，而忘了把當下的事做好；當你把當下的角色做好，享受其中的樂趣，這過程自然會決定你的價值。

「還有，你得回過頭問自己，所謂的『意義』是什麼？讓你變得富裕還是快樂？如果有錢才有意義，可選擇有錢的工作，但極有可能這工作的背後並不會讓你快樂。」

例如孔子弟子顏回，「一簞食，一瓢飲」，他是愛讀書的人，窮得要命，喝一杯水卻很快樂；他飲食簡單，安貧樂道。又如梵谷，一生作畫，作品卻賣不出去，你覺得他的生活沒有意義嗎？他一定認為有意義，因為他沉浸其中，可以作自己想做的事，雖然一生窮困潦倒……所以「意義」很難有個標準是放諸四海皆準的。

如果你此時此刻缺錢，我卻告訴你畫畫會很快樂，你認同嗎？

意義因人因時而定。

為什麼我說由時間決定，因為隨著日子一天天的過去，你會在這過程中，慢慢的發覺有些是你真的想要的。

如何讓時間來決定？外在生活裡，不要急著做任何決定，而是從現在起，學會多跟自己在一起。「過去三十年裡，你一直向外追尋物質上的滿足，內心卻被忽視了。」其實心一直在那裡，它一直在給我們各種信號，告訴你什麼才是你真正所愛的，什麼樣的目標才是符合你個人的選擇，只是你因種種原因沒聽到。此時出現的苦惱就是在提醒你，你該往內看了，感受自己最真實的情緒，傾聽你內心的呼聲，不要讓自己被外界的標準和評判干擾。即使一百個人都對你說，你應該如何，但是你的心是不愉悅、不踏實的，就要堅持心的選擇。反之亦然。

去感受一下自己的心吧，當你愈來愈聽得懂心裡的聲音，你自然而然就會知道接下來要做什麼了。

說了這麼多，換個白話的說法就是「活在當下」，做當下你想做的事，如果從現在開始，你試著從內在目標出發去做事情，你會發現，能夠讓你覺得滿足和愉悅的事情不只有賺兩百萬這一件；和小孩子相處的一個下午、幫助了一個路人、全心全意地投入寫作並寫好一篇文章、做一項具體的工作……都可能帶來同樣的效果。我相信，當你的工作在你心目中有意義，就有價值。

「你不妨思考，什麼事情讓你感覺最好，就把心力投入到這件事，順著好的感覺行動，另一番美妙的天地自然會在合適的時間向你鋪展開來，也許這才是你真正想要的生活。」

收納每一面向的自己

我發現很多人陷入焦慮不安或自我否定時，常會忘掉自己身上擁有的「財富（優勢）」。

有位老師籍貫山西，大家都稱他「小晉」。小晉說：「我來上課的原因是因為沒有自信，我的內心十分脆弱，但我想從外表『撐』出最好的一面，希望讓學生看起來像是個堅強的人。」

小晉在家族備受呵護，爸爸、媽媽、爺爺、奶奶都以他為生活重心。然而一走出家門，他卻發現自己與其他老師格格不入。言談中，他埋怨媽媽的嘮叨、瞧不起爸爸的懦弱、討厭爺爺的殘忍、不喜歡奶奶的心胸狹窄……

就研究上來說，當你能說出家人的優、缺點時，表示你也擁有這些特質。換言之，他們的優點，你有；缺點，你也有；不管你喜歡或不喜歡，你都有，那些都是你身上的一部分。

我們本來就是多面的，有討好的一面、有指責的一面、理智的一面、分歧的一面、也有一致性的一面；如果我們沒辦法接納這就是我的多面，就變成分裂。所以薩提爾女士說，人生就像好多的洞（hole），若嘗試用繩子把所有的洞圍起來，在前面加一個W，就變成完整（whole）的了。

接下來，我試著幫助小晉找到他身上擁有卻被忽略的優點，讓這些優點成為豐富他生命的資源。

我：「首先我們來談談媽媽。她的個性中，哪一點是你最喜歡的？」

小晉：「善良，她會主動關心別人。」

我：「你也像媽媽這樣善良，並且會主動關心別人嗎？」

小晉：「嗯。」

我：「媽媽有什麼個性是你最不喜歡的？」

小晉：「嘮叨。因為她要做很多家事，每天從早忙到晚，所以一直嘮叨。我覺得那麼多的嘮叨根本無濟於事，因為她只會嘴巴講，實際上並不能為自己爭取或做點什麼。」

我：「你也會這樣嗎，嘴巴不停抱怨，但也沒為自己做些什麼？」

小晉停頓幾秒：「……我不願意承認，但好像是。」（乾笑）

我：「你爸爸呢，個性如何？你喜歡、不喜歡他哪一點？」

小晉：「爸爸個性懦弱，家裡有問題都不敢出聲，讓媽媽飽受委屈。但他很溫和，不會發脾氣，我沒聽他大聲說過話。」

我：「你在學校會不會也像爸爸一樣，個性溫和不會對學生亂發脾氣，但遇到問題也不敢出聲？」

小晉愣了一下：「好像是喔，學生家長都說我很好欺負。」

我：「談談你爺爺。他有什麼缺點？」

小晉：「他暴躁頑固，而且殘忍。」

我：「你一定覺得『殘忍』不好。但當你遇到最在意的事，例如別人讓你的孩子處於危險時，我相信你的殘忍就會出現在對方身上。」

小晉：「沒錯，如果敢動我孩子一根寒毛，我的確會。」

我：「爺爺有什麼優點？」

小晉：「他正直豪爽、聰明幽默。」

我：「所以你身上也有正直與幽默嗎？」

小晉：「嗯。」

我：「談談你奶奶。她有什麼優點？」

小晉：「任何事都自己來，從不麻煩別人。」

我：「你是不是遇到問題都試著自己解決，不去麻煩別人？」

小晉：「對，這點我跟奶奶很像。」

我：「談談奶奶的缺點呢？」

小晉：「奶奶就是市井小民，不是什麼高尚人士。」

我：「你嫌奶奶不夠高尚，她就是個杭州姑娘嘛，（眾笑）對吧？我不覺得那有什麼不好，那是她的文化，但從你的口氣，聽起來跟『狹隘』有些關聯。」

小晉：「對，她固執且心胸狹小。」

我：「你的個性是否也如此？」

小晉：「唉！我有，但我不怎麼想面對自己這塊……」

我：「有什麼不可以，這就是你身上的一部分嘛！雖然看似缺點，但也可以轉為優點啊！例如，你跟奶奶一樣固執但『擇善固執』；又如，你雖然對別人心胸狹小，但對愛的人寬容大度……」

小晉點頭：「奶奶也很自私……」

我：「自私未必是缺點，該自私的時候當然要自私；一個人如果不懂得自私地照顧自己，那就沒有能力照顧好別人；一個人如果不懂得自私地讓自己吃飽，還能給別人溫飽嗎？只要自私不是為了利益去傷害別人，你值得自私地照顧自己，你認同嗎？」

小晉呼一口氣：「嗯。」

我：「或許你可以允許自己從不同的面向看事情，不要什麼都要求完美，因為世上沒有完美。」

我與小晉的對談中，讓他看到家裡每個成員的特質，而他也發現這些特質自己身上都有：他善良、溫和、正直幽默、不麻煩別人……同時他也嘮叨、懦弱、小氣……其實每個優點可能也是缺點，每個缺點也可能是優點。

「譬如你很善良，善良讓大家喜歡你接近你跟你借錢，讓別人認為你是好人，對你有所肯定；但因為善良，朋友提出的要求你都答應，朋友起爭執你會兩肋插刀；如果你過度善良，可能累了病了花了不少錢財……你會發現，你對別人善良卻是對自己不善良。

「至於『小氣』可能讓你變得斤斤計較，別人不喜歡你……」但因為小氣，有些不該花的錢不會花，還可能因此積累了一些財富，未必是壞事，「你會發現，每個你喜歡的特質雖然都有一些獲益，但也付出一些代價；每個你不喜歡的特質雖然付出一些代價，但也都有一些獲益。」

我們每人身上的特質都代表自己所擁有的「財產」，如果把這些特質用「股票」比喻，當我們把個性的優點發揮到最大值、缺點降到最小，獲利就會愈來愈大了。

你會成為「億萬富翁」還是「一貧如洗」？
端看你如何「投資」了。

跟過去道別

很多父母常對孩子說「我都是為你好」，卻在不知不覺中，造成孩子許多傷害。

雖然過去發生的事不會改變，但可能影響未來。曾經的那些話那些事，存在我們的身體裡，隨著年齡增長，如影隨形地影響我們，陪伴我們走入學校、工作、婚姻，甚至一生。

如果有機會讓我們回到當時的情境，把當年沒說出的感受和想法表達出來，不管角色扮演的人是誰，講出來的內容有可能是當年未曾表達的，這有助於釋放過去的陰影，走出創傷，迎接新的未來。

她，那年三十五公斤

那段時間我在上海，順便到南京講了一場演講。這是一天的工作坊，介紹夫妻間的互動對孩子言傳身教的影響，譚欣是當天的一位學員。

她是個服裝設計師，有個兒子，外表看起來精明幹練，年過半百，風韻猶存，在外歷經人生動盪之後回到故鄉。課後她找我聊了一會兒，當下決定上我接下來的八天成長課程。

譚欣學過一些心理學，在八天的課結束時，她認為我的教學把很多理論學派結合在一起，感覺受用。她語重心長地說：「也許老師可以幫我的忙。」幾個月後，我在其他城市開高階工作坊時，她飛來參加，我們再度重逢。

「有沒有你最想學習的？」譚欣欲言又止，感覺她有很多不為人知的秘密。第三天下課後她來找我，那表情似乎打算敞開心扉，「老師，有些話想跟您說……」我剛好有空，而其他同學也離開了，她就說了。

「我身高一百六，你一定不相信，我在大一時體重曾掉到三十五公斤，持續七年，居然沒死掉，真是不可思議。我記不起當時是怎麼活過來的，直到婚後老公發現我的問題……」我聽到這兒也覺得不可思議。

那些年，譚欣不接納自己，不過她很幸運地遇到一位好老公。先生把她捧成掌上明珠，不但沒嫌棄她，還花半年時間陪她矯正飲食習慣，慢慢恢復健康。她說，十年的婚姻生活是她人生最美好的時光；不管她做什麼，先生的回應都語出讚美：「你都不知道自己有多好，你像珍珠，晶瑩剔透，而我有慧眼。」

我聽到這裡，心裡默默的讚嘆，「哇，有夫若此，人生何求！」然而好景不常，這段黃金期只維持十年。由於先生對她實在太好了，導致他過世後，譚欣頓失依靠。

「老公去世後的前兩年，我陷入沮喪和恐懼中，像具行屍走肉，整個人乾癟得不成樣子，不但不像女人，連活人都稱不上。我心裡很空虛，想找人填補失去先生的愛，開始經歷各種不同的人生，我想追逐或追回那段如夢幻般的愛情，但屢遭挫敗……」她繼續說。

她遇過有婦之夫，騙她是單身，落得被原配找上門而結束關係；遇到富二代，喪偶帶兒的身分被他家人嫌棄；也交往小自己十歲的男生，明明被劈腿，還答應一起開公司，結果人財兩空……她覺得自我價值很低，回頭去糾纏少女時代心儀的男生，逼問對方當年有沒有喜歡過自己，希望從對方肯定的答案得到安慰，結果，又陷入一陣糾葛。

「我一度很遺憾，先生對我好的時候我卻沒能力對他好。他走以後，我曾在心裡說，『你給我十年幸福，我還你十年忠誠。』我不能讓自己活得好，否則就背叛了他。實際上我卻忍不住寂寞，所以心理非常掙扎。」理性上，她深覺得先生如此寵愛她，她應該為他守貞，可是身體和情感上卻未必把持得住。她與男人在一起，雖說是因為事業的連結，表面上談合作，但更多的原因是想藉此找回需要的情感。這些私密在她心裡埋藏得很深，平時不敢去碰觸，有時候突然想起，會莫名流淚。

經過慘烈的情傷，她學習心理學，想從中得到支持，但仍不甚清晰。「最近我才意識到，我過世的先生一定不希望我像現在這樣糟蹋自己。我想好好活著，但找不到出路，懇請老師拉我一把。」

聽完後，我反饋我的感想：「你是一朵玫瑰，而他像一坨牛糞；雖是屎，卻帶著所有的營養，滋養你成為一朵綻放的鮮花。」她聽了笑了。

我真正的意思是：雖然你很美麗，但若沒有牛糞，你什麼都不是。果然牛糞沒了，你也枯萎，變成人造花，隨意亂插，永遠展現不出豐碩的生命。現在累了、辛苦了、覺察了，就別再把希望寄託在別人身上，拿回來，看看你可以為自己做些什麼。

許多事都有一體兩面，「愛」的另一面是傷害，愛之足以害之。以她先生為例，這麼一個愛她的先生某種程度也剝奪了她學習照顧自己的能力與機會，任何所謂的完美都會付出一些代價；一旦先生離去，等於拿走她的所有，所以她幾乎失去功能，連怎麼愛自己都不會，只能尋尋覓覓，跌跌撞撞；這是譚欣享受幸福背後所付出的辛苦。

高階課程的目的，是希望在經歷一些基本的修練後，還願意進一步為自己的生命負責。我取得她的同意，把她的故事跟全班同學說明，同時要求譚欣：「你要做出承諾，我才幫你。」她眼眶含著淚珠，笑著點頭：「老師，我答應你，如果我走出這個『檻』，我會好好的活著。」

「我不敢保證，也不知道會把你帶到哪裡，但會在課堂上盡力保護你，你所有不想說的話、不想提的人，我都不會勉強，完全尊重你的狀態。但是過程裡難免有些訊息會跑出來，你能不能接得住？」她說：「應該可以。」我說：「過去的事，我知道你做過整理，我們不要困在過去，我們的重點在於改變，就從現在開始往前走。在這過程但願能出現曙光，讓你找到前行的資源與力量，回到生活中。」她說好。

譚欣的先生說她像「珍珠」，這點我同意。珍珠為了生存會吸取水中的浮游生物，浮游生物經由潮汐沖進來，也將沙子帶進來；牠吃掉能吃的生物，同時也忍受很多微粒的刺激，雖然不能消化掉那些沙子，但牠用分泌物包圍住那些沙子，慢慢的一層一層包圍才成為珍珠，「你的外在像珍珠一樣光鮮亮麗，但內在存有很多衝擊與傷痛，你的成長跟珍珠的養成是相似的，只是當時因為悲痛而忽略了。」經我這麼一說，她點頭表示同意。

「假設你就是珍珠仙女，下了凡間遇到一些事情，我們來看看這些凡間事，你是怎麼經歷，你又學習到什麼、付出什麼代價？」她說好。

我問：「自從先生過世之後，不論你經歷了多少生活歷練，請你挑出幾個對你生命有影響或有衝擊的人，不管是用12345，或者ABCDE，我們用代號來表示。」她決定用數字，並挑選五個同學扮演。

「但是有個人我不讓你挑，這代號叫0，」我拿個墊子丟在地上，「這就是0，我們從0開始。」我心裡有個「預想」，她如果要成為一個成熟獨立的個體，一定得跟完全支持並對她百般呵護愛的先生分離才行，所以預設「0」是先生，我本來是想來一段愛的告別式。沒想到工作進行時，0在她眼裡竟然是媽媽。我非常訝異，現場頓時回到小時候的場景。

那時候的媽媽不太約束她，大陸的說法叫「放養」，在一個範圍內所有的事情都由你作主，你可以做任何的選擇。從這角度看，她是一個非常受到尊重的孩子。不過如同前面說的，很多事情都有一體兩面，雖然媽媽給她自由的空間，但當她遇到困難需要支持時，卻因為父親重病，媽媽沒有多餘的能力幫助她，年幼的她，沒有玩伴，也沒有玩具。譚欣得不到需要的協助，症狀反映在身體，才用三十五公斤的體重吶喊，向外求助。不過她所呈現的堅強，成為存活的力量。

關於媽媽，譚欣只談到這裡為止，我側重在經歷，沒往下深究，因為我希望在短短的一兩個小時，幫她找到正向的源水，協助她走向未來。

我說：「這一段過程，不管當時有多苦，至少這樣的環境相對的讓你非常堅韌，雖然面對很多困難和痛苦，卻像是珍珠的養成，把你磨練成一顆璀璨的明珠；如今可以面對這麼多困難也是那時候培育出來的。」我這麼說，她眼角濕潤的點頭同意。

我邀請她準備向前去面對過往的一些生命經歷。我說，從現在開始我們往前走，「讓我們看看這些凡間事，你是怎麼經歷、你學習到什麼、付出什麼代價，或許在未知的將來，再次遇到難題，有能力做出不同的選擇。」她說好。

我揶揄自己充當老道士：「珍珠仙子來，老道帶你下凡去囉！」

仙女下凡走到編號1時，能量正足，面對著角色扮演的學員說：「在本仙女看來，你是小菜一碟，」我問：「你學習到什麼？」她說：「當我碰到這個人時，雖然遇到一些困難和衝擊，但我學習如何『珍視』自己，從此不會自暴自棄。」原來這個人帶給她一些傷痛，曾經讓她不知道怎麼面對。現在她在那個經驗裡學習到遇到事情不是去吵架、對抗、逃避，因為「自己」是自我重建的基石，之後的轉變都從這裡開始。

我問她：「當你收了第一個妖之後有什麼感覺？」她說：「多了一份能量在身上，整個人變得更踏實穩定。」我開玩笑說：「原來仙女下凡遇到第一個小妖這麼容易就被解決了？既然你有這樣的慧眼學會珍視自己，這妖將為你所用，成為你所擁有的一份資源。」她隨手一招晃了一下，「隨本仙子來！」編號1號很配合的尾隨在後。

接著我帶著她踏上凡塵的第二步。編號2的學員脖子上剛好戴著一條項鍊，鍊子上有一個大大的亮亮的「眼睛」造型的墜子，她一看那墜子整個人像被透視，有被刺的感覺，難怪她說：「跟她交手的過程我學會張開眼睛，環顧四周所有的危險，好或壞，一眼就抓得住，看得清，我學到用『銳利』的眼光看身邊的種種。第二妖照樣『收』服，帶在我身上。」她招手的俏皮動作增添不少歡樂的氣氛，在場的人都開心的笑，她也笑了；她帶著第一妖和第二妖共同面對往後的生活。

碰到第三個時，她嘆了一口氣說：「唉，經歷第三個我才知道面對『真實』是這麼的難。」生命中有一些我們以為過得去的事，但真正面對才發現，有時連面對自己的能力都沒有，因為不夠真實，很多事情就不能真實的回應到自己身上，也因為不夠真實，所付出的代價遠遠超過預期，甚至失掉更多，「我遇到他之後才慢慢學會真實面對自己。第三個人讓我的生命變得真實，感覺破繭而出，有了蛻變。」

遇到編號4，她說：「我重重摔了一跤，但再壞也不過如此，不會再壞了，我在他身上能摔的都摔遍了，這體驗讓自己不破不立，沒啥好在意的，反而是很大的感恩。」她說前面遇到的三個人可以收來當法寶，遇到這個人只能當作生命中的一種經驗，隨時提醒自己。

最後，當我們一起走向編號5時，感覺到她的情緒波瀾起伏，淚水像一串珍珠不停的落下。她說：「這是情，情關難過……」然後哭得更傷心，「他是我喜歡很久的男人，當先生離開之後我想彌補失落的感情，不過他有家室，」講到這兒，譚欣整個情緒失控。我給了她一些時間，陪著她，一直到她慢慢的平息。她深深的嘆息，吸口氣緩緩的，堅定的對他說：「我承認我是愛你的，但我知道這不可能，我在心裡的某一個地方，永遠為你留一個位置，這位置並不是等你來，而是『我愛你』，謝謝你過去對我的陪伴和照顧……」進行到這兒，他們都淚流滿面。

我們花了很長時間在這一段，愛不是對或錯，而是最真誠的情感。她分離的主因是對方有家室，其實內心早有定見，「雖然痛，但我願意永遠放在心裡，並且道別。」當她意識到這份情可能傷到另一份情時，停下來思考另做考量，對於她做的選擇，我完全尊重，也為她開心。所以我的作法是——請她留住這份情，慎重的跟5號道別。

編號5的角色扮演者一直表現出想要「擁抱」的動作，我上前阻止，「不行，只能握手。」我擔心一個攪動，使她功虧一簣。

譚欣離開5號，現場邀請編號1到4圍繞在她身邊，她一一承認過去的這些經歷，也承諾運用這些經歷的學習，有一個新的認知及功能，在未來幫助自己，認真的活出自己。

到這裡，譚欣的故事逐漸走進尾聲。

也許大家發現了，從編號1到4她沒有講述具體的故事，只說了自己在事件中的感受。其實，要個案在大家面前展開自己的生命故事並不容易，有人甚至感到羞愧。對我來說，1到4對她造成什麼影響，只要她不願意說我都不會問，這是保護個案的一個作法，主要是讓她清楚這過程中自己的經歷；她不需要告訴他人，尤其團體課更需要尊重個人隱私，凡是個案不願意透露，或者一語帶過，都必須被尊重。

在短短的時間裡，針對過去幾年積累的問題作一次性的療癒並不可能，所以我聚焦在對她有所幫助的議題，推她向前邁進。譚欣在先生仍在世前，曾有一段愉悅順暢的生活，先生離開後，每一步都走得很辛苦；在這辛苦的岔道中，我想讓她看到不只有失去，失去的同時也學到很多她忽略或不曾覺知的重要資源。

編號5很清楚是已有家室的男人。情愛有時候是曖昧的，有時候我們理性上會告訴自己不該介入別人的家庭，但感性上知道離開會很痛苦，而且身體控制不住，彼此糾纏很久。

掙扎是人性的必然，是真實的，或許有感人的部分，但那也是痛的，所以她說：「我知道不可能跟你在一起，但我承認我是愛你的，同時我會永遠在心裡為你留一個位置。」留一個位置並不代表那個人隨時可以走進來，而是坦承過去的這段愛，「但現在我要過自己的日子了。」

這種交錯混亂的糾結，不會是上一次成長課就能解決，那個痛隨時都可能回來，重要的是知道這個學習可以讓自己有不一樣的選擇；至少譚欣明確的朝「分開」的方向走，並不意味著一定成功，也許某個時候累了或是遇到挫折，處於寂寞、低落、困難、壓力、疲憊之下，還是會回頭找他，或者是他又撩撥她，所有的可能都會發生；但最起碼譚欣體會到自己可以在覺知下選擇，也知道自己該負起的責任。

我相信人生任何經歷都能有所學習，只是有時候我們太快樂，耽溺在享受中，忽略自己付出的代價；或者有些時候我們太痛了，掉進痛苦的深淵，忽略了這段過程帶給自己的學習。我保證任何經歷都有意義，只是我們有沒有覺察出來而已。

再次經歷過往後的譚欣，臉上綻放著光彩，整個人明亮，踏實有力。

這個變化也可以從譚欣的穿著略窺端倪。她前幾天都穿黑色系衣服，後一天穿紅花色系列。我問她為什麼，她說：「我也不知道。」但我知道，那是內心「悟」的過程，顏色由心情挑選，就是「相由心生」的意思。

「人」的本身為一個「系統」，你的想法、情感、作為、心態……都與整個系統互有關連，在這個系統裡讓他們體會，而我只是引導者、陪伴者的角色而已。

譚欣的課已經結束，我為她的轉變感到高興，為她的生命在這麼短的時間有如此的變化而感動，但我不會因此認為一切都沒事，上山學劍，要下山才能見真章。這個經歷之後，她的人生課題正要開始呢！

傷害，都是不小心造成的

我一進門，他就上前問：「呷霸未？」我一聽忍不住就笑了。原來他到過台灣，學了幾句台語，凡在大陸遇到台灣人，都用這句簡單的問候語，多半贏得不錯的回應。我笑他是「一招半式打天下」。

他給我的第一印象是親切。不過後來發現，在這班上，除了我，他跟其他人都處不好。他會瞧不起某些人，容易跟別人起摩擦，動不動就想「挑」人一把，測試別人的能耐，但又想和別人靠近……「什麼原因導致你變成這樣？」他說：「我不知道。」

他年約四十，長得很胖，我就叫他「胖胖」。

胖胖未婚，大學畢業後曾去澳洲、美國、東南亞……生活漂泊，後來回到北京，在心理諮商單位工作。他的問題源於小時候大人的語言傷害，大到讓他快崩潰的地步。通常，「當痛苦大於辛苦，才會想要改變。」胖胖意識到自己和人相處的困難，不改變不行，「我想自救」，也許做心靈成長的工作可以幫助自己，於是努力學習考取證照，我和他才有機會相遇。

原來他兩三歲時，父母出國，他從小跟爺爺奶奶姑姑一起住。姑姑對他很好，胖胖一直以為她就是所謂的「媽媽」。

直到某一天，大人帶他去接機，機場大門一開，出現一對有模有樣的夫婦，爺爺指著男的說：「這是『爸爸』，」指著女的說：「這是『媽媽』，」胖胖愣住了，叫不出口，奶奶說：「過去抱抱……」他感覺很怪，始終無法張開雙手迎向他們。

離開機場返家的路上，他沒跟爺爺奶奶姑姑一起，而是跟爸爸、媽媽及一位不認識的大人同一部車；此外，還有其他黑色大部頭的車尾隨在後，返國陣容，浩浩蕩蕩。他後來才知道，父母從事特殊工作，至於性質則忽略不提。

爸媽回來一個多月後，又出國。這時變成外婆和外公到家裡接他一起送機，這意味著胖胖將離開從小到大熟悉的家，住到另一個陌生的環境，但大人沒給任何理由。

胖胖原本以為自己沒有父母，後來父母回來了，但不到一年又走了，這心情既糾結又複雜。同學們的父母都待在家裡，他的父母說來就來，說走就走。他趁大人們忙著道別時，逕自躲了起來，所有的人都緊張地到處找。

胖胖年紀小，膽子也不大，不敢離家太遠，只躲在附近的一棵樹下，那棵樹躲不了人，很快就被找到了。

送走爸媽，到了外公外婆家，年幼的他居然在大人之間挑撥離間；他常告訴外婆，外公做了什麼，讓兩老吵架，而他樂得在一旁自鳴得意。

他的故事說到這兒，我打岔：「為什麼你會這樣？」

胖胖說了一段他念幼兒園時住在外公外婆家的事。

那年他大約六歲。某日，睡過午覺，外公帶他去公園玩，外婆叮嚀爺孫倆：「別玩得太晚，五點就該回家吃飯喔！」胖胖俐落地回：「好。」

到了公園，外公看到一張石桌圍著一群人，湊過去，原來有兩個老人家正在下棋。他們聚精會神，一語不發，時而眉頭深鎖時而眼神專注，看起來是高手。外公看得出神，乾脆坐下來，胖胖則到別處玩。

時間慢慢的過去，胖胖看到涼亭上的時鐘指著5，跑去找外公，「要回家了，不然外婆會罵我們。」但外公沉浸在棋局裡，還不肯走，他很焦慮，執意拉外公的手離開，這時外公大發雷霆，提高聲調怒斥，「你吵什麼吵，去去去，你怎麼這麼煩！」大家都抬起頭看到了這一幕，胖胖難過得掉眼淚，無地自容。

棋局結束，已過六點。回到家，外婆忍不住對胖胖開罵，「不是叫你們五點回來嗎？現在都幾點了？」他想解釋卻不敢說，但心裡覺得委屈……這件事在他心裡留下了陰影。此後，每當外公帶他出去玩，胖胖就猶豫，無法分辨外公是想離開外婆的視線還是真心想帶他出門，他對大人的愛產生質疑與混淆。這心結一直糾纏著他，陪他一起長大。

這故事切開的每個畫面都是尋常的生活場景，以一般人的角度看並不特別。大家都知道外婆不是罵他，外公罵他的那句話是看棋太入迷之故，但在大人隨口斥責孩子的一瞬間，他們的心靈就受傷了。

胖胖念高中時，爸媽回來，這一次是結束工作，不再出國了。胖胖回到父母的家，但再也無法跟任何人親近，對人也不再信任。

我覺得解開胖胖的問題，需要回到受創的原點。

我做了一個演練，請胖胖扮演自己，找幾個學員分別扮演他的外公、外婆，還有他的父母親。時間拉回三十多年前，外公帶他到公園的那個午後，由於胖胖當時年紀小，很多想法和心情都沒有表達出來，我就讓他回到被外公斥責的當下，說出他的困惑與委屈。

胖胖：「出門時，我很開心，因為可以去公園玩；但時間到了我叫外公回家，沒想到居然被罵，沿路我都很緊張很害怕，而且很委屈，因為我覺得自己沒做錯事。」

外公：「我看得很入神，我只覺得你這樣叫很煩，不曉得讓你這麼害怕，我沒想到會讓你這麼難過，如果早知道我不會這樣做。」

我問胖胖：「你知道外公當時的想法，現在心裡是什麼感覺？」

胖胖：「心情放鬆了。」

我問胖胖：「這有可能是外公說的話嗎？」

胖胖：「有可能，因為外公平常很疼我，不曾這樣訓斥我。」

我們過去所受的壓力常常是自己的問題，對方根本不記得。胖胖聽了外公的回應，如釋重負。

通常大人的小事，都是小孩的大事。外婆也對胖胖說：「當時罵的不是你，我是氣你外公耶！」外公、外婆都覺得不可思議，這麼一件小的事，竟然對孩子造成如此深遠的影響。有趣的是，這導致後來胖胖發展出一種莫名的報復手法——打小報告，搬弄是非；當外婆外公吵架時，他很有成就感，這又變成他一路成長跟別人互動的模式。

我鼓勵胖胖把小時候調皮搗蛋的事通通說出來。他坦承很多過去向外婆告狀的事是假的或誇大其詞時，外婆說：「我真的不怪你，我覺得你那麼小就會捉弄大人還挺好玩的。」他也跟外公說：「當年你們吵架很多是我造成的，我不是有意害你，只是希望得到外婆更多的愛……」因為他把外公當競爭者，深怕他們感情好，外婆就不關心他了。從這裡可以看出，小孩成長的心理變化有多麼微妙。外公聽了笑了幾聲，「你這小子，好賊啊！」

簡短的回應，終於解開胖胖多年來藏在心底的疑慮，也釋放多年壓抑的情緒。

其次，是卸下父母回來後再度離開對胖胖造成的不安。當胖胖談到「我當時有一種被拋棄的恐懼」時，整個身體不由自主地縮了起來；長大後每每遇到壓力，他不自覺的會回到過去，自問：「為什麼他們不要我？是不是我不夠好？」他覺得自己是漂泊的浮萍，對人也沒有信任感。

我找兩個學員扮演他的父母。

面對父母時，他說出了過去的困惑和不滿；父母則說明因為工作有不得已的苦衷，由於胖胖年紀小並不了解，所以一直沒向他說明。胖胖現在是成人，回顧過去爸媽的工作，的確是為了工作為了這個家，對於自己從小就居無定所也就釋懷了。

由於胖胖也在諮商界，一年後我與他意外重逢。他說，現在可以跟同事一起外出用餐，跟父母的衝突也減少。我跟他握握手，恭喜他，替他開心。

恨，匯聚了更多力量？

她叫趙穎，離婚，女兒跟著她，她對孩子嚴苛，母女關係不好。趙穎工作能力強，是一家公司的高階主管。

她知道生命中有很多不可抗拒之事，知道自己有問題卻不知道原因在哪裡，為了得到更好的生活，她到處上課尋求答案。

我問趙穎：「你最想要的是什麼？」她說：「一、希望跟孩子的關係變好；二、想修繕跟父親的關係。」

她的爸爸是一家企業的負責人，高高在上，在家常打罵媽媽，每當父母爭吵，哥哥離家，弟弟躲在角落裡，這時的她就站在媽媽前面，擋住爸爸的拳頭，不然就跪地哀求父親不要對媽媽動粗。

我不知道什麼原因爸爸要打媽媽，但哥哥和弟弟懂得躲開危險。她雖然對爸爸打媽媽感到恐懼，卻不自覺的跳進去挺身保護媽媽。

爸爸揚起手打媽媽的這一幕深深烙印在趙穎腦海裡，導致她長大不知道跟男人如何好好相處。她不相信男人，對男人心存恐懼，印象中兩種男人的形象都來自家人——一種是不負責任的，像哥哥和弟弟；另一種是暴力的像爸爸。趙穎結婚又離婚，雖然婚姻很短暫，可是她仍希望有伴侶，像多數女人一樣有個陪伴與依靠的另一半，卻又遲疑不敢輕易相信婚姻；而她與父親的關係，若即若離，只是盡一個女兒該盡的義務而已。這才發現，她不但恨爸爸更怨媽媽。

父母溝通不良產生的壓力原本應該由大人承擔，陰影卻深埋在小孩心裡。有時候孩子對家的忠誠和愛，反而使他們成為父母的父母。幼年的趙穎代替成年的媽媽抵擋暴力，逼自己長大以承擔那些根本不是她所能負荷的事；當下她雖恐懼父親，卻不得不挺身衝出來，因為軟弱的媽媽無法招架父親的暴力。

幫趙穎重新雕塑童年父母衝突的畫面，夾在父母之間的她，第一次對著媽媽嘶聲力竭地吼：「我還是一個小孩耶，你不但沒有能力保護我，還要我來保護你，我很害怕，我很生氣，我恨你……」她放聲大哭，哭得歇斯底里……我就讓她盡情發洩，把過去的委屈全都哭出來、說出來。她一直不停的訴說對母親的怨恨，我順手拿了一盒方形的抽取式面紙，讓她緊握在手中。她緊緊的抱著，彷彿擁抱過去的傷痛和怨恨。

我問：「你現在幾歲？」

她說：「四十。」

我問：「你抱著傷痛這麼多年，對你的好處是什麼？」她想了好久，卻說：「沒……沒有，沒什麼好處。」我說：「一定有好處，不然你不會把過去抱得這麼緊！」

「你想想看，那個恨讓你這麼痛苦，你明明不喜歡卻緊抓著不放，一定有意義。想一想，是什麼？」她還是無法回答。

我繼續問：「當你緊抓住恨時，有什麼感覺？」她說：「感覺有一股力量在身體裡……」說到這兒，她停頓了好一會兒，繼續說：「面對困難時，會怕自己沒有能量，但當我抱著過去時反而有一股力量，因為有那些怨和恨，我才能好好做事，發憤圖強，堅強地成為獨立自主的女人……」說完一臉狐疑，那表情彷彿在問：咦，怎麼會這樣？

「那個恨讓你變得有力量，是這樣嗎？」

她想了一下，感覺不太對勁，但說：「對。」

我就笑了，「你會發現那個恨不僅僅是恨，那個恨也為你帶來力量、希望、勇敢……」

她說：「嗯，的確是這樣。」

我問她：「你說出這些話後身體是什麼感覺？」她回：「好像心裡的一塊石頭放下，身體輕鬆了許多」

我問：「拿掉那個恨，可不可以？」

她點頭說可以，但我知道不可能馬上拿掉，因為那是多年的習慣，我說：「當你準備好就可以把它放開。」

她手上還抓著剛才那包抽取式面紙，大概花了二十多分鐘才把那包象徵「恨」的面紙推開，「我知道這個東西陪伴你很久，已經成為你生命裡的一部分，要你把它放開非常不容易，現在你覺得怎樣？」

她說：「輕鬆不少，心情比較平靜了。」

接著她急於走向扮演「媽媽」的學員，想要擁抱她。

我喊停，「現在還不是時候，或許你可以先讓剛才的經驗在身體裡仔細體會一下，不要急著去做其他的事情。」

一會兒後，我說：「你轉身看看那些充滿恨的面紙，如果把那張紙抽掉，看看會發生什麼？」她花了一點時間才抽出，丟了，但也哭了。

我問：「你看到了什麼？」

她說：「我看到裡面都是愛，那個恨掩蓋了我父母曾經為我做過的事，我只看到恨沒看到愛……」說到這兒她又哭了。

她說，她抱著這些「過去」就有正當的理由恨父親怨母親，有足夠的藉口把後來的婚姻問題、親子問題都怪罪於父母不睦，這樣一來，自己就不用去面對。通常人們看不到「擁有的」，反而常放大「失去的」，他們忽略怨恨帶來的好處，只是一味強化怨恨帶來的壞處——趙穎的情況正是如此。

她這一次花了一段時間跟自己相處，隨著時間慢慢地過去，等她安靜下來，我問：「你現在最想跟誰說話？」

她說：「媽媽。」

這時趙穎語氣平和的說：「我曾經害怕過也恨過，但我也感受到你的愛……」她用另外一種方式向媽媽表白，而不是一味的指責和埋怨。

扮演「媽媽」的角色回應說：「我從來沒想過這些事情對你的影響，當時我的確沒有能力對抗你爸爸的暴力，也不知道造成對你的傷害，我很難過，也感到抱歉，我不知道自己能做什麼。」

我問她：「這有沒有可能是媽媽會說出的心裡話？」

她說：「我自己也當了媽媽，多少能夠理解，這確實有可能，所以也不那麼責怪過去的事了。」似乎她某種程度釋放了堵塞在內在的情緒，讓能量流通，如此才能用女人和女人的方式擁抱媽媽。

我進一步問：「你仔細看媽媽，從她身上有看到什麼是你喜歡的嗎？」她說：「有，例如堅忍、付出、善良……還有，媽媽的勤勞、挑剔、嘮叨……」我說：「這些特質你身上有嗎？」趙穎破涕為笑，這時她才發現不論自己喜不喜歡，母親身上的特質她都擁有。她理解媽媽，因為她也像媽媽。

挑剔，其實也意味著對事情要求高品質，做事細心，接下來就要看她如何能對自己細心，如何在某些事情上放自己一馬，才不會對孩子嚴苛。

片刻後我問她有沒有什麼是想對父親說的？她轉身面對扮演「爸爸」的角色，遲疑了一陣子，終於開口說：「過去我討厭你，每次你打媽媽時，我是多麼害怕，為什麼你總是這麼凶，我很生氣，我恨你。現在我不再恨你，也不再怕你了。」至少她願意放下恨，並用調整過的態度跟男人相處，而不是把所有的是非對錯放在男人身上；所以當她看到父親時，發現自己跟父親比較靠近一些。

撇開家暴，趙穎了解媽媽對孩子的愛，她相信父母與生俱來都是愛孩子的，只是父母對她的愛被家暴淹沒了。父母跟孩子的互動中，十分之九是正常的，十分之一是暴力，但十分之一的暴力經常被放大，使暴力成為成長中的主要記憶，影響自己的生活。

這說明了夫妻關係對孩子一生的影響。

一年後她來台灣，我們見了面。我問她跟父母和孩子的關係如何，她說「不錯」，但覺得這兩個字似乎不夠精準，補了一句：「好很多。」

Part III

陪伴

「人到、心到」其實就是「陪伴」。
哪怕不說一句話，或者安靜的傾聽，
只要是「真心陪伴」，就可以達到治療的功效。

陪伴的力量

結構家庭治療創始人薩爾瓦多・米紐慶，是家庭治療的先驅，寫了許多理論與技術等經典書籍。

瑪莉亞老師轉述說，有一次在加州艾瑞克森（Milton Erickson）每五年一次的治療大會上，米紐慶為「心理治療」下了新的註解。他說：「這些年，我的治療技術，有許多是從華特克（Carl Whitaker）、海利（Jay Haley）和薩提爾諸多同輩身上習得，更深的體會什麼叫『治療』，『人到、心到』就是治療。」

什麼叫「人到、心到」？其實就是「陪伴」而已，哪怕不說一句話，或者安靜的傾聽。只要是「真心陪伴」，就可以達到治療的功效。

真心陪伴，足矣

很多人喜歡看諮商師到底做了什麼，用什麼方法讓個案「起死回生」，但是這個案例我什麼都沒做。

記得是千禧年的秋天吧，我在重慶上完課，學生小玲來找我，「老師，我有一個好朋友，醫生診斷是憂鬱症，狀況很嚴重，您可以去四川幫她做治療嗎？」特地到四川嗎？我沒有答應，因為個案的問題不是做一次諮商就會好。「但是真的很緊急，她的狀態真的很不好，你要救她，如果不救她，他們夫妻也快完了，他們的小孩才剛出生……」我告訴學生，我的下一個行程在廣州，如果她願意，倒希望她來上八天的課程。

兩個禮拜後，小玲果真帶好朋友出現。

我一眼看到她的朋友，感覺就像個傻傻的孩子，事實上，她已經是個孩子的媽了。上課時間到了，我請還站在外面的她進去，她不肯，小玲好說歹說才把她帶進教室，沒幾分鐘她就跳起來，張牙舞爪地說，「我不要……我要出去……我聽不懂……我要出去……」我數度安撫，折騰一陣子，好不容易才讓她坐下來，過一會兒她說：「我可不可以坐地上？我想坐小板凳……」

她叫依依，二十歲出頭，爸爸在市場賣水果，媽媽在一般公司上班，父母親的關係不好，沒住在一起，但兩人都疼她。

第三天，小玲沒來，倒是依依的媽媽來了，她穿黑色的篷篷裙，帶著一頂鮮豔的帽子，穿著打扮都很時髦，「我這女兒長期吃藥，狀況時好時壞，大部分時候就是你看到的失神模樣，請老師多費心。」

依依前兩天的狀況都是一樣，「我現在要出去……我不上課……」我說，「好！你先跟小玲出去，好一點再回來。」但媽媽陪伴之後稍有改變，媽媽要求她，「聽老師的話，乖乖坐下。」我走過去打圓場，「沒關係，她要出去透透氣就讓她出去吧！這樣也好。」

她從外面回來，扭動身體說：「我要坐地上……」我說：「好！」媽媽拉她起來，「坐在椅子上，怎麼可以坐地上？」我說，「先隨她吧！」

沒多久，依依又有了動作，她起身說：「我要起來坐後面……」我說：「好！」這時媽媽也順著我的話牽她到後面坐。

依依一直來來回回的走，已經干擾到其他同學，而我也終於忍不住了，「依依，如果你忍一下，坐下來聽，也許會聽到你想要的喔！」這時她停了幾秒，感覺在思考我的建議，這次她做了改變，坐下來安靜地聽課，她母親則用眼神向我道謝。

接下來我們的互動中，她一有動作都會先問我：「老師，我去上廁所再回來，好不好？」「可以出去喝水嗎？」我的回答都是肯定句，「好、沒問題、ＯＫ。」上課中我也會請她回應：「要不要試試看？」「你願意接受老師的建議嗎？」依依也都同意，說肯定句的次數也愈來愈多……在我允許、接納、支持的過程中，她慢慢安靜下來，終於在最後一天，跟其他同學一樣在教室裡上完一整天的課。

一個月後她來上第二階段的課時，我記得很清楚，她穿著豔麗的橘色短裙、五吋高的鞋子，鬆散的頭髮繞成麻花辮盤成髮髻，裝扮有點像空姊，更重要的是她上課不吵不鬧，但也不是靜默，她會提問，願意跟我對話，偶爾出現一點調皮，甚至我講的內容不如她意，她會生氣……我問她過去一個月生活是否產生什麼變化，她說沒有，不過她的朋友都感覺她不一樣了。

在課堂上，我想讓她體驗與人互動的重要，還有溝通在人身上產生的影響，所以我在回答別人的問題時，會「偷渡」答案在她身上，回答跟她相關的事。表面上雖然講給提問者聽，但實際上是講給依依聽，而且留意她的反應。

依依周圍的親朋好友都很好奇，我到底做了什麼讓她有這麼大的轉變？其實我什麼也沒做，偶爾在語言上教育她，客氣地問她願不願意？好不好？另外我發現她媽媽是強勢的，便讓依依學習如果不要就要跟媽媽說「不」，大概如此而已。

「老師，我改變很多，進步很多了。」經過五年之後，依依託當年主辦成長課的單位捎來這句話，治癒的過程一定是來來回回，不可能一眨眼或上一堂課就好。據我了解，她是逐漸的好，逐漸的減藥，而在這過程中，她的家人始終陪在旁邊。

陪伴，最溫和的解藥

有一次上課，班上出現一個非常漂亮、彷若仙女般的女人——如意，年約三十，但實際年齡超過四十，已經是兩個孩子的媽了。她上課總是側坐、斜眼看人，感覺防衛心很重，看得出她對人的不信任。我問她來上課的目的，她說自己有憂鬱症。

現今社會，很高比例的人說自己有憂鬱症。因為說起來太容易了，當有些事情沒有按照自己的期待完成，難免會有失落或悲傷。可是當我們處於那個負面狀態沒去理會，導致它影響生活，這當下去找醫生，因為是情緒最不好的狀態下填寫檢測量表，絕大多數不是中度也有輕度。不過，與其把這些負面情緒當憂鬱症，倒不如說是「憂鬱狀態」，就是當時的狀態滿符合憂鬱症，如此而已。

我問如意憂鬱症從何而來，她答：「生老公的氣，他不理我。」

原來是先生早上起來運動時沒理她，家裡浴室很大，有兩套衛浴設備、兩套洗手檯，一人一套。先生運動回來隨意地用了她的洗手台，她就用手輕輕地碰他一下，推擠著正在漱口的他，「那是我跟他平常打情罵俏的一種方式，怎知他不知道哪根筋不對，竟然很不高興，還吼我……」接下來兩人仍一起吃早餐，她邊吃邊等先生道歉；但沒有，先生吃完早餐就去上班了，而且晚上直接搬到樓下睡，隔天甚至留宿公司。「我很受傷，只有女人可以離家出走，哪有男人可以離家出走的？」

其實如意是跟先生撒嬌，但先生覺得她無理取鬧。這就是夫妻的日常，說起來是芝麻蒜皮的小事，可是由於沒有得到期待中先生應有的回應，竟沮喪到每天一早沒有力量起來，覺得先生不愛她，再次出現了憂鬱狀態。她的人格特質就是，開心時整個人活潑可愛，不開心時什麼事都不做，我在課堂上開導她，她笑開，又好了。

暢銷書《男人來自火星，女人來自金星》談及，男與女是來自兩個不同星球的人類。姑且不論我們相信與否，但對於愛的語言，男與女就是不同。

先生來接如意下課時遇到了我，他問：「為什麼女人總是愛撒嬌？」我告訴他，「女人就是需要撒嬌，需要有人陪伴。」先生聽到愣了一下，似乎同意，接著嘆口氣道：「唉，我太太很敏感，沒什麼事就生氣，我都不曉得怎麼處理……」我說：「你不要逃，你愈逃她愈生氣，你只要陪在旁邊，聽她講話，可以的話，讓她使點小性子，安慰她幾句就好。」先生聽了我的勸。四天的課上完，兩夫妻和好了。

我什麼也沒做，夫妻間彼此的陪伴，力量超出我們的預期。

擁抱，一泯千萬怨

大馬的例子，則繞了好大一圈，最後透過一家人彼此的陪伴，才化解十幾年的心結。

大馬是北京一家企管顧問的總經理，身高一百七十，長得人高馬大，「大家都叫我『大馬』，你們就這麼叫吧！」她自我介紹時這麼說。大馬利用個人休假帶著男友開三個多小時的車來上課。

她一開始倒不是有什麼困擾需要解決，而是當成自我進修。大陸很多高階主管常會走出辦公室，上一些「學習成長課程」，藉此增廣見聞，再把上課所學運用到工作，或者就把它當工作之一；所以在課堂上她總是靜靜的聽別人的故事，像個好學生。

在談「家庭對人的影響」時，似乎觸動了她的心弦，尤其談到父子、父女、母女之間的關係，她聽著聽著就哭了，哭得很慘，歇斯底里的，兩眼紅腫，但是又怕影響其他同學，便彎腰低頭離開會議室，躲回房間。我們上課的地點在一家飯店，每個學員都有自己的房間，上課則借用飯店的會議室。

從房間回來，她乾脆坐在最後面的位置。接下來的課她遊走於會議室和房間，儘管進進出出，但不發言。

第二天她哭到半身發麻，無法到餐廳吃早餐，只好由男友把餐點端到房間給她；等身體狀況好轉，她才慢慢走回會議室，但戴上一個大大的太陽眼鏡。見到我，則欠個身說：「不好意思。」可能覺得哭成這樣很丟人吧！

第二階段的課安排在一個月後，開課前，主辦單位遞來一封大馬寫給我的信。大意是，上一次的課勾起她很多回憶，回憶讓她感到疼痛。她雖然事業成功，但內心深處有一塊陽光照不進去的角落。她聽其他同學談家庭問題，儘管吵吵鬧鬧，但都在一起；其中一學員輕描淡寫的回憶與母親爬山因大雨被困在山中亭子裡，只因母女兩互相為伴，什麼都不怕……那個敘述堆疊的畫面令她嚮往。因為她從小就孤伶伶的，沒有家人「陪伴」的經驗，更不知道「陪伴」是什麼滋味。

信中，大馬提到媽媽偏心，只照顧弟弟，對她很不好；若不順從媽媽的意，媽媽會打她，她幾度逃跑，躲到別的村莊不敢回家。長大後，她藉口念書「逃」到外地，畢業後選擇在外地工作。如果這樣的環境造就了她什麼，那就是功課好，讀了名校，找到好工作，收入不錯。沒想到工作帶來的高待遇卻成為母親勒索的對象。

人是有情感的動物，雖然生氣離家，但心卻離不開。她渴望有家的溫暖，一家人歡樂時一起分享，痛苦時一起陪伴，但她的家不是這樣。「這麼多年來，表面上平靜無波，但創傷並沒有消失，它一直躲在我心裡很深很深的角落，那糾結著的痛始終沒有解開……」信好長，猜想她正處於「大混亂」的階段，我期待大馬來上第二階段的課。

令我驚訝的是，再度見面，大馬把親朋好友還有工作夥伴一起帶來了，總共七個人，上課的費用全由她支付，其中一個就是信裡說的唯一的弟弟小馬。小馬是她生命中最親也最怨的人。

過去，當小馬在生活或是工作上遇到困難時，母親總要大馬幫他解決困難。在拗不過母親的威脅利誘，她總是心不甘情不願的把事情善了，而小馬卻又若無其事，輕而易舉地度過一個又一個的難關。

至於為什麼帶這麼多人來，她自己說不清楚；但上完第一階段的課，她決定要面對自己的生命。

由於我已經大致了解大馬的狀況，便引用「大禹治水，疏而不堵」的方式，建議她可以說說這些年來壓在心裡深處，不為人知的祕密。

大馬似乎也有備而來，稍微整理了服裝，站起身，沉默了好一會兒，感嘆最近的變化不知該從何說起。但她畢竟是公司的高層，口才不錯，清清喉嚨，試著梳理自己的情緒，說著說著，就一路說下去了。

她對母親充滿失望，可能母親不在場的關係，她鼓足勇氣，把過去的怨與恨說得徹底，包括重男輕女、寵弟弟，肆無忌憚的寵；弟弟做任何事都對，她這姊姊做任何的事都不對；對父親和她的要求特別多且不合理……她真情流露，聲淚俱下。

她舉例，年近四十的弟弟在工作上遇到困難需要以金錢解決時，媽媽都直接向她開口：「你比較能幹，弟弟比較苦，你照顧他是天經地義的事。」或者說：「你就這麼一個弟弟，怎能袖手旁觀？算我求你好不好？」她痛恨媽媽永遠用這種哀兵政策，逼她就範。弟弟像個慣犯，總是一而再、再而三的犯錯，而大馬得一而再、再而三的拿錢解決。此外弟弟經常換工作，而她在職場上戰戰兢兢恪守崗位，才爬到目前的位置，但努力賺的錢卻得拿出來幫助弟弟，積年累月，永無止盡，令她忿忿不平。

過去的傷痛可能沒機會說，她在這堂課裡一股腦兒的宣洩。話鋒一轉，她突然思念起過世的父親，「因為在家裡，我們是一國的，失去父親，我『孤軍奮戰』。」後面那四個字，她說得慷慨激昂，感覺終於把卡在胸口的情緒釋放出來了。

當然我也注意到小馬的反應，姊姊滔滔敘事，他靜靜聆聽，彷彿在聽別人的故事，心情完全不受干擾，但我仍看見他臉上佈滿的情感，只是隱藏得很好。

大馬結束一番真情告白後，弟弟從座位上站了起來。這時所有人緊盯著弟弟，看他會做出什麼舉動，我也盯住這畫面。他走向姊姊，緩緩的張開雙手，在空中停頓幾秒，一句話也沒說，接著緊緊地抱住姊姊……全場為之震懾，像拍電影被導演定格般，現場一片靜默。

大馬被弟弟這一抱，放聲痛哭，她說：「四十年了，我們姊弟從來沒有這樣的身體接觸，這是我們這輩子第一次的擁抱……」弟弟也哭了，他說：「謝謝你，姊，我一直都知道你對我好，也知道你的委屈，你那麼高大強悍，我只是不知道如何對你表示感謝跟靠近，我是真的愛你，姊，我會不一樣的。」

誰都不曉得是在哪個環節或哪個剎那間，弟弟改變了，這一擁抱，跨出和解的一步，這一擁抱，驅散弟弟和母親結盟帶來的怨恨，而大馬帶來的親朋好友也都目睹這重要且關鍵的一刻。

這個家庭長期出現的畫面是弟弟躲在媽媽後面，媽媽面對姊姊；姊弟的關係之所以緊張是因為弟弟透過媽媽向姊姊要東西，但這過程很多細微之處是弟弟不了解的，如今經由姊姊赤裸裸地說出來，弟弟站在媽媽前面對姊姊，姊弟之間積累的問題變成可以直接面對了。

當姊姊被理解，過去為弟弟做再多的事都值得了。尤其弟弟伸手擁抱，像是為她打開家門，迎接離婚在外的姊姊「回家」。

我很高興看到這個結局。

課程結束後，大馬決定在北京主辦相關心理諮商課程。由於她有些事情會諮詢我的意見，我因此有機會與他們進一步相處。

大馬說，姊弟和解後，她與媽媽的衝突和怨懟也相對減少，姊弟間有來有往，彼此的互動比以前更加頻繁。她時常主動關心弟弟的工作與家庭，給予必要的支持與鼓勵。大馬的善意，換來弟弟的體貼。有一回大馬出差在外，弟弟主動到家裡陪伴孩子，令她非常感動。她則帶回出差買的名產，全家聚在一起快樂地享用，家裡終於出現她夢寐以求的溫馨畫面。

大馬過去跟母親雖然相處不好，但也怕失去她。我們可以換老婆、換先生、換主管、換同事，但從來沒有人可以換父母，所以這麼多年下來，她對家裡的付出有一部分是「孝」，有一部分是「情」。由於跟弟弟關係融洽，間接地跟媽媽的關係也修復。對她而言，既做到了孝也滿足了情感交流。

然而，造化弄人，就在全家人決定好好珍惜相處時光時，母親卻罹患大腸癌末期。大馬憂傷的說：「我好不容易把母親、弟弟找回來，才幾個月而已，卻聽到壞消息，我不知道日子要怎麼過……」莫名的恐懼圍繞著她。

我建議大馬好好地陪伴母親，以免日後有遺憾。陪伴，可以彌補過去缺乏的母愛，這不僅是母親的需要，也是她的需要；我同時也建議姊弟倆趁機合作，一起面對媽媽癌症的醫療問題。

大馬這時覺察自己的角色應該還給弟弟，過去她就是剝奪弟弟該扛的責任才這麼辛苦，現在是弟弟重新站起來的機會，她願意退居第二線。大馬語重心長的對弟弟說：「你是一家之主，現在一切由你作主。」姊弟還達成協議，由姊姊支付母親所有的醫療費，其餘的事由弟弟負責，而她願意從旁協助與陪伴。姊弟倆分工，輪流在醫院陪伴母親。大馬請長假排早班，弟弟負責晚班。

大馬長期與母親疏離，母女近距離相處，竟尷尬了。初次扶母親下床，當她的手觸碰母親粗糙的手，感覺十分陌生。但次數多了，她也習慣，進而餵食、按摩、散步，愈來愈自然，愈來愈得心應手。那個長年只會指責女兒的母親收起嚴厲的口吻，開始對女兒噓寒問暖：「你吃了沒？」「今天不用上班嗎？」「你忙你的，別累壞身子了。」大馬幾度落淚，母親溫柔的對待在她的人生多麼罕見啊！這時的她早已卸下心口的怨恨，跟尋常母女一樣，一起在病床用餐、聊天，直到母親入睡，弟弟晚上接班，大馬才回去休息。

早晚班交接時，一家三口都在醫院吃晚餐。別於姊姊白天各方面的照料，但晚上也不輕鬆。醫院不好睡，母親不經意的一個翻身都會驚動小馬，他隨時處在備戰狀態。

有時白天弟弟沒事，也會來醫院陪伴母親，有時姊姊晚上沒事也會留下來；姊弟倆在醫院陪伴母親，在醫院一時傳為美談。

羅病近一年，媽媽走了。雖然母親離開，卻使姊弟間的情感更加緊密。辦完母親的後事，大馬辭掉公司總監的職務，回到家鄉，在弟弟住家不遠處住下來，並開了一家幼兒園，她要陪伴著弟弟——世界僅存的親人，當他永遠的後盾。

我知道他們姊弟最近的事，是大馬的弟媳生了第二胎，她趕到醫院探望，迎接新生命的出生。大馬張羅一切，把自己放在「家長」的位置取代父母親，她要讓弟媳一家人知道，這弟弟還是有家的人。

回頭看這個案，母親癌末為這個家注入一股大翻轉的力道。大馬一生渴望的家的溫馨和家人的陪伴，直到母親癌末才出現。但一切都不晚。姊弟現在聊過去，都格外珍惜在醫院陪伴母親的時光，覺得人生沒有遺憾了。

我愛的人正好是同性

家族治療有很多作法，一個人也可以做家族治療。有些家族治療需要家人一起來，可是家人未必願意，尤其當父母知道孩子是同志就更難了。

在「同性戀」議題中，很多個案（或個案家人）因當下情緒爆發，慌亂不知所措，急於尋找可以的改變方法，大都是一個人獨自尋求協助。所以這章節並沒有做所謂傳統下的「家族治療」，而是給出「陪伴與個人建議」。雖然說不是傳統的家庭治療，然而在系統動力之下，牽一髮動全身。家庭中仍然會因為一個人的改變而影響整個系統與動力，也可稱之為一個人的家庭治療。

我開過同志酒吧，參與過無數的同志運動，接觸過的同志不少……這些身分可能是我比其他諮商師更有機會了解同志族群樣貌的原因。

同志議題讓個人受苦，其實家裡成員也苦，有時候家裡成員甚至比個案還苦。很多父母企圖改變同性戀的孩子，他們在「求救」，因為傳統與社會的壓力，讓他們心生害怕和恐懼，不知道該怎麼辦？可以想像，要承認這個事實需要多大的勇氣？不被接納是何等痛苦？

在這議題中，我能做的其實極其有限。如果他們願意面對，也許我可以提供一些方法，讓他們與家人重新互動。

什麼是「同性戀」？

我喜歡電影〈霸王別姬〉裡的一句話：「我愛的人正好是同性，如此而已。」

孩子是同性戀，我該怎麼做？

某個深夜，我接到朋友緊急的電話，他焦慮地跟我約時間，希望早點跟我碰面。我問他是哪一方面的問題，他的聲音低沉沮喪，有氣無力：「我兒子是同性戀，我該怎麼辦？」我想安慰他：「你兒子只是談個戀愛而已，別緊張……」但我知道這不是他想聽的答案。

老實說，我可以在愛情、人際關係、情緒、人生……等問題提供專業諮詢，唯獨「性別」議題，如果是先天的基因使然，那麼當事者要承受多少社會壓力，我能做的只是陪伴而已，幾乎是無能為力。

人類是群居動物，經過時間積累，創造出一套多數人認同的生活模式：例如男的屬陽、女的屬陰；男生喜歡女生，女生喜歡男生；多數家庭「男主外、女主內」……但不意味多數人的認同就是對的，少數人的認同就是錯的。當家長發現自己的孩子是「同性戀」時，第一時間絕大多數不能接受。

不過我發現，家裡有「同性戀」的孩子，父、母親的態度明顯不同。

先談母親。

有一位母親得知兒子是「同性戀」時，哭哭啼啼的問：「是我受到詛咒嗎？為什麼我會生出這種『怪胎』？」

言談間，我發現她不是不愛孩子，而是看到兒子受到歧視，痛徹心扉。她對兒子說：「就算我接受，但社會不允許；哪天我走了，誰幫你？誰陪你？」兒子堅定地告訴她，「我可以接受自己，我可以面對別人，我有合適的伴侶，請相信我們可以生活得很好……」一開始母親聽不進去，由於太過憂慮，反而反過來要求孩子，「你能不能改？如果你改過來就不需要承受這麼多的壓力，就可以坦然的生活，成為多數人的一份子……」兒子對他搖搖頭。

母親了解了，接受了。

我再度遇到這位母親是在同志運動的場合，她手持彩虹旗，支持同性戀合法，也安慰同樣有同性戀孩子的父母，接受事實。我拍拍她的肩，誇讚她是位了不起的母親。

另一個母親在某機關任高階主管，在得知孩子是同性戀後，每天披頭散髮，連上班都沒心情。某日開會，輪她發言，她支支吾吾的，不知所云，這才發現自己受到嚴重的衝擊。她到處找專家，希望尋求正確的思考方向。她沉澱一段時日後跟親朋好友說，雖然感到驚訝，但會義無反顧地接納這孩子，想跟孩子變成好朋友，甚至保護他，「如果連我這當媽的都不接受，還能奢望誰接受？」

親友訝異地問：「你可以接受孩子的另一半嗎？」她回：「我接不接受不是重點，重點是我『勢必得』接受，因為他是我的孩子啊！」

這兩個母親對孩子無條件的愛，令人動容。

早年，台灣同志運動方興未艾，某個團體的成員憑著滿腔熱血想為同志發聲，便毅然決然挺身而出；此舉吸引大批媒體爭相報導，他工作的地方原本是個安靜的小鎮，卻因此造成不小騷動。

他「風光」幾天後，新聞冷卻，就像「海水退潮時，才知道誰在裸泳」一樣，最讓他難受的不是主管的施壓，而是家人的不諒解。

他媽媽哭喪著臉說：「兒子啊，我是你母親，你是怎樣的人我早就心知肚明，我們自己知道就好，你幹嘛昭告天下？你上電視之後我去菜市場，那些賣魚賣菜的人，有些用異樣的眼光看我，有些在我耳邊用不可思議的口氣問，『你怎麼生出這樣的孩子？』現在我連走進菜市場的勇氣都沒有了；如果我都感受到龐大的壓力，你確定自己真的承受得了嗎？」雖然媽媽受到困擾，至少還關心。

令他不解的是已出嫁的姊姊回家跟他吵架：「我同事說，原來你有個同性戀的弟弟啊？將來我們有這方面的問題，問你就好啦！」姊夫甚至跟姊姊說：「如果一開始知道你弟弟是同性戀，我不確定會不會跟你結婚，誰知道你們家有沒有遺傳基因？」

他不知道「出櫃」會引來排山倒海的攻擊，也不知道會造成家人這麼大的影響。那段時間他來找我，我能做的只是「陪伴」而已。若說這件事有帶來什麼一點好處，勉強稱得上的，就是此後不必再遮遮掩掩過日子了。

究竟「同性戀」會不會遺傳？這方面的報告很多，我沒有深入的研究。不過，有時候父母親的態度會影響孩子對「性別」的認同。

有個媽媽生了四個兒子，家裡很吵，她希望第五個是女兒，無奈又是個兒子。媽媽常抱著最小的兒子說：「如果你是女生，那該多好！」不知不覺地幫他塗胭脂、穿女裝……「有一天我回家，我那已經小學三年級的兒子在家裡綁絲巾擦口紅，『媽媽，我這樣漂不漂亮？』」他以為這樣才能討父母歡心，但我這才驚覺兒子的性別認同混淆了，『怎麼辦？我兒子將來會不會是同性戀？』」

我還真不知道。但我想知道，「如果他是同性戀，你還愛不愛這孩子？」她就哭了，接著用非常肯定的語氣說：「我一定要愛他，他是我身上的一塊肉啊！」

另一個類似的案例是一位清秀的男生，媽媽是歌手，從小跟著媽媽在歌廳的後台長大，那些化妝登台的阿姨們見他可愛，這個阿姨幫他塗口紅，那個阿姨幫他畫眉毛，還有人幫他穿裙子……都幫他化女妝，直誇「好漂亮」。

當時他年紀小，對自己的裝扮習以為常。

三歲那年，他有了妹妹，他跟媽媽要妹妹所有的玩具和衣服……直到有一天，媽媽帶妹妹買內衣，他嚷著也要，但拿起胸罩卻發現沒地方掛。那些當年幫他化妝的阿姨們知道此事罵他「變態」，他十八歲交了男朋友也被媽媽狠狠的趕出家門。

「你覺得自己是女生嗎？」我問。

「我是男生啊！」

「你會想變性嗎？」

「不會啊，但我就是愛男生啊！」

有一天，巷口賣水果的阿姨問：「好久沒看到你兒子，他去哪裡了？」他媽很生氣地回：「我兒子死啦！」

這位阿姨說：「你比較有社會歷練，看得多，見識廣。我想請教你，你們家有個像女兒的兒子，我們家有個像兒子的女兒，我不知道該怎麼處理……」原來不只她家有這問題，這才讓母親重新思考對兒子的接納。

接著來看父親。

以上的例子，母親都願意站在孩子這一邊。但當父親得知孩子是同性戀時，情況往往大不相同。

我在大陸認識一位學者，世代單傳。某日，兒子告訴他：「爸爸，我是同性戀……」他聽了心情七上八下，淡淡的回：「你就好好的過你的日子，好好照顧自己，我尊重你，沒有意見……」兒子很開心，到處說他得到了父親的祝福。

沒想到三個月後，這位父親因嚴重的憂鬱症住院了。

表面上他理解，心裡卻不接受。這陣子以來，他在工作上隱忍，害怕事情曝光，想到兒子無法傳宗接代，輾轉難眠……

我經營 Funky 酒吧時，客人以同志佔多數。我記得曾在酒吧的角落看到一位鬱悶的年輕人猛喝酒，我過去問：「你怎麼了？」我關心的手才剛伸出去，他就揮拳擋住，「你不要管我。」「我是這裡的老闆，也許幫得上忙。」當他凶我而我沒有掉頭就走，這份善意多少表示我可以傾聽他的心事。

他家三代單傳，由於沒有朋友可以訴說，於是開始寫日記。密密麻麻的日記記錄了他的戀愛經歷。

「有一天，我媽媽打掃我房間發現日記，嚇了一大跳，拿給我爸看，爸爸非常氣憤，把我趕出門。我拎著隨便打包的行李出門，他還在背後罵，『我怎麼生出你這種病態兒子？』」

所謂「虎毒不食子」，我建議他回家，誠懇的跟父母談。

過了三天他又出現在酒吧，主動找我聊：「我爸媽同意讓我回去住了。」他很開心，我也以為自己幫了一個年輕人，跟他乾了一杯酒。

沒幾天他又出現在酒吧，跟第一次一樣喝著悶酒。「其實，我爸媽叫我回去是騙我的。他們用『苦肉計』，天天要我改……」爸爸平常不喝酒，但那幾天一吃飯就喝酒，連灌幾杯，藉著幾分醉意，用手打破窗戶的玻璃，劈里啪啦的，玻璃碎一地，父親滿手鮮血，趁機逼問：「你改不改？你不改我死給你看！」他出口反駁，父親用腳揣桌椅，大喊：「家門不幸啊！怎麼生出你這個孽子！」他就哭著逃出家了。

我用他父親的話再問他一次：「你能不能改變？」或者，「你願不願意因為父母而做點虛假的改變，讓他們舒服點？」

他說：「我做不到。我已經努力嘗試，但真的做不到。我如果做得到也不會過現在這種日子了。」

這孩子高職念到一半輟學在外，父母當時很介意他不念書學壞……我建議他重拾課本，返回校園，先與家人保持一段距離，等學業告一段落再回去，至少讓他們了解他不是一無是處，「或許這樣的改變，你父母反而比較能接受。」

這孩子發奮圖強，後來取得大學學歷並找到一份安穩的工作。這個不愛讀書的孩子多年後因巨大的改變，緩和了父子關係。

我偶爾會在酒吧遇到他，他有穩定的交往對象，杯觥交錯中，看得出過著不錯的生活。社會各角落，都有同志不為人知的故事。

出櫃的選擇

他是個男士，有妻有兒也在交男友。在農村，結婚生子是天經地義的事。

五十四歲那年，他到北京出差，晚上跟同事到「洗浴中心」，就是一般人說的「澡堂」，他進去才知道那是同志常去的澡堂。在這之前他從來不知道「同性戀」三個字，但在那裡，他的心被撩撥起來，整個人瘋了，像火山爆發似的，他在男人身上得到樂趣與快感，這才恍然大悟，「原來我喜歡男人。」此後他常離家到大都市尋求性愛，釋放過去被壓抑的情欲。

他從小不知道「同性戀」，但他感覺男性的身體對他有很大的吸引。他年輕時住在偏鄉，因循舊有的傳統結婚生子，但他很清楚他無法在和太太行房時感受愉悅，只是憑著責任度日。

有天夥伴們聊起「同志」話題，問他擔不擔心被親朋好友發現，「說實話，我五十多年的生命都荒廢了，我不知道自己是誰，現在終於發現這是我的快樂天堂！哪怕『出櫃』有壓力，我都承受得起，也值得。」

「汝非魚，焉知魚之樂」，你不是他，沒有資格評價他的是非對錯。但站在「人」的角度而不是「男女」的角度，我尊重他的生命和他的選擇。

社會上這一類的例子很多。有個尚未到而立之年的準博士生，他在大都市念書，受父母之命媒妁之言回到位於偏鄉的老家結婚。事情來得緊急，因為他未來的弟媳已經懷孕在身，他家傳統，長子得先結婚弟弟才能成家，因此他弟弟很心急。

我問：「你做得到嗎？」他回答：「我不知道。」

婚後他很痛苦，喝酒解悶，也許酒精發揮了助力，他與太太行房，不到半個月又回到大都市工作。幾個月後他接到太太懷孕的消息，升格當了爸爸，這下他更有理由在都市打拼，一年只回去一次，「因為我要多賺點錢養孩子。」說得義正詞嚴。幾年來，他沒碰過太太，太太生下孩子後到別的城市工作，孩子留給他爸媽帶，是一對名存實亡的假夫妻。

不過，因為有了個孩子，他擋掉不少外界的閒言閒語，也成功掩飾了自己同志的身分。在上海，他交了喜歡的男人，過著自由愉快的生活。

另一個案例是父母逼婚，他逃到國外，學成歸國在某個領域小有名氣和影響力，他想趁機面對自己。他問：「我是否可以誠實的跟家人『出櫃』？」

我知道他壓抑太久，想淋漓暢快地說：「我是同性戀。」

「你現在有成就，你父母都以你為榮。但是當你大聲說『我是同性戀』時，你的父母情何以堪？你有很多理由可以不結婚，例如事業很忙，況且，現在獨身主義的人很多，有這必要嗎？」

在我的諮商生涯，「性別」議題很少出現在課堂上。也許大部分的人不願意在公眾場合成為焦點；但仍有少數例子，可以跟大家分享，例如這個女同志。

她一走進教室，我就脫口說：「你看起來好瀟灑！」她穿著寬大T恤，一手插進牛仔褲口袋裡，另一手舉起來對我打招呼：「對。我是女同志，現在有伴侶，羨慕我吧！」回應也簡潔俐落。

上完課，她走過來，表示自己有個小小的問題。「我媽媽很愛我，很心疼我，他知道我是女同志很憂慮……」原來她們合開一家公司，事業小有成就，但她母親仍然擔心，擔心她們相處有沒有問題，擔心她們受社會異樣的眼光，擔心這擔心那，「我都說願意把我的伴介紹給媽媽認識了，她還是放不下心，現在她的困擾變成我的困擾了，怎麼辦？」

天下父母哪有不擔心兒女的？所謂「眼見為憑」，為了證明你們的相處沒有問題，為了讓你母親對你們放心，我建議她：「要不要試著邀請媽媽到家裡住，讓她認識你的『另一伴』，親眼看到你們的生活、你們的互動。讓她知道，你有能力愛自己，愛她也愛媽媽？」

她說，這方法值得一試。

讓媽媽親眼看見她和另一半的相處之道，讓媽媽放下無須有的擔憂、焦慮，也可讓另一半和媽媽熟悉，何樂不為?!

再看這個個案，他沒說自己的故事，只是問我：「如果有一個同志，在工作上受到歧視，老闆也知道他的身分；和同事相處，時不時就受到言語霸凌，你有什麼建議？」

由於他沒提具體狀況，我只能概略回答——因人而異。我覺得端看這個人的工作型態、個性與能力來決定。

如果他是個軟弱的人，不論去哪裡都會受到欺負；如果他有不錯的工作能力，可選擇離開，也許到新的環境可掩飾自己，或者從過去的環境學習到如何趨吉避凶。

如果他的工作環境是不尊重同志身分，可以對抗，或者選擇離開，而不要把自己放在危險的環境，至少保護自己是必要的。

但有些年輕同志囂張跋扈，一到新環境就宣示自己是同志，好像拿到免死金牌，反而要別人禮讓，我覺得此舉某種程度是在製造對立，我不認同這樣的做法。

曾有同性戀者問：「面對別人異樣的眼光，我能為自己做什麼？」

我希望他們可以接納自己脆弱的部分，尊重自己才能推己及人，也讓別人尊重你。在自我認同的過程中如果遇到困難，要知道問題本身並不是問題，如何面對才是問題所在。

「至少，面對失落，你可以陪伴自己的傷痛啊！」這是我的答案。

愛，是需要冒險的

有個女生問我，她跟男友在一起時，他的穿著得體，但回到家喜歡「男扮女裝」，「他會是『同性戀』嗎？」

那叫「變裝癖」。

有一次我到酒吧，朋友要我看角落一個男扮女裝的人在喝酒，據說他都是深夜進來，凌晨回去，家有妻小。

老闆說，他只是想體驗當女生的滋味而已，但現實生活中他不可能在老婆孩子面前穿女裝，所以才趁三更半夜，猜想是太太孩子都睡著了，他才帶著衣服、濃抹胭脂，到同性戀酒吧喝酒，以滿足自己的需要。凌晨四點多，即卸妝返家。

我在國外上課時曾有一堂課是「性別互換」，我心想，我要到哪裡借女裝？我室友說：「我可以借你，」他打開衣櫃，一半都是裙子，「我就是喜歡穿女裝，」他女友接受他的「變裝癖」，兩人也曾穿著女裝出去逛街，互相挑對方喜歡的衣服。

不見得「變裝癖」者就是同性戀，他們只是喜歡穿異性的服裝而已。

同理，和同性發生性行為者，也未必就是同性戀。

即將步入禮堂的準新娘「妞妞」說，她和男友兩人約定，婚前一定要對彼此坦誠，於是男友很老實地告訴她，他曾與男性友人發生過性行為……她聽了如五雷轟頂，難以釋懷，遲遲不敢決定婚期。

這樣的案例不在少數。有些人在青少年成長過程中，在特殊情境因酒精或嬉鬧而與同性發生性行為，但酒後甦醒便絕口不再提，畢竟那不是一件能被多數人接受的事。「他們是同性戀？」其實不是。

同性戀是怎麼造成的？這問題自有心理學以來就有人討論。尤其以金賽博士的量表最受矚目。他認為，每個人都有一定程度的同性戀和雙性戀傾向，差異只在程度而已。

我的看法是，如果世界上只有十個人，會有一個是同性戀，一個是異性戀，其餘中的八人有一部分是偏向於同性戀的雙性戀，有一部份是偏向於異性戀的雙性戀；有極少數是真正的雙性戀……這十個人隱約出現了五種不同性別傾向的人。

什麼叫「偏向同性戀的雙性戀」？例如電影〈喜宴〉的男主角明明是同志，但當女生向他挑逗，他還是和女人發生性行為。若在一般情況下讓他選擇，他會選擇與同性戀者在一起。

「戀」的部首是「心」，兩邊是糸字邊，中間有個「言」，這表示兩個人甜甜蜜蜜的說真心話，「戀」會讓兩個人牽腸掛肚，「戀」會放在心裡，可以彼此表白。

從文字結構來看，沒有「心」如何「戀」，他們是有戀情的兩個愛人，兩個人如果說不上話怎麼戀，尤其兩邊的角絲旁，像極了藤纏樹、樹纏藤，兩個人一定有緊密的接觸。

其次是偏向於異性戀的雙性戀，例如男女分校的住校生活、部隊或監獄；年輕的孩子可能基於好玩而發生了同性性行為，而人與人肌膚接觸的確會產生反應甚至快感。但當他們脫離了侷限的環境之後，可能會找異性，所以不代表有同性性行為的就是同性戀。

當然也有極少數就是喜歡人，不管男人或女人。

〈霸王別姬〉這齣戲把傳統的性別移開了，我記得有位導演說：「不是他愛男人，只是他愛上的人，恰好是男人，他不是佳人，卻一樣傾國傾城。」對同性戀來說，他（她）們愛的人，剛好跟自己相同性別而已。

在歐美地區，很少人問你是不是同性戀，他們在成長過程中，喜歡男生就跟男生交往，喜歡女生就跟女生交往，他們對自我接納程度高，勇於冒險跟嘗試當下所經歷的事。性別議題對他們來說並不重要，他們會隨著身體當下的感覺去體驗迎面而來的生命。

不過總體而言，不管哪個國家，異性戀都佔多數，超過九成。

有些愛可以生死相許，「如果你真的愛他，不應該計較他的過去，應該接納。如果你在意他的過去，只是讓你們的關係產生嫌隙而已，讓彼此更痛苦，你不能要求每個人都高超完美，正如我相信你也有缺點一樣，過去發生的不會改變，為什麼不去經營未來？」

如果你不能坦然接納他的過去，他以後也不會坦誠告訴你所有事實。在兩人的親密關係中，某些善意的隱瞞是好事。

在親密關係中坦誠也需要冒險，「他可以隱瞞，但他願意敞開過去，表示想跟你靠近，他想跟你有更深的連結，甚至過一輩子。他的這份過去是脆弱的，不容許第三者知道，當他能對你坦誠是對你的信任。」

我反問妞妞：「為什麼你一直抓住這件事不放？」她說：「擔心男友再犯，畢竟曾經有過。」我回她：「如果你愛他，只能冒險。」

我繼續問：「如果你擔心他跟一個男的有性行為，難道不擔心跟一個女的嗎？差別會不會在你的『歧見』？」

性別只是個議題，重點是尊重人和每個人的生命。

而愛，是需要冒險的。

Part IV

重塑

人擁有不同面向，
每個面向都帶著不同特性，
承認它們整合它們，
W + hole = Whole
你就是完整的。

我是誰？

這篇故事，人世間都有。

在課堂上，常有學員提出疑問：「為什麼我會心疼那個人？為什麼我會氣那個人？」內心有股莫名的感覺，由於說不出所以然，導致自我懷疑。

其實我自己就有這種經驗。某人從前面走過來，我看了就想逃；但當我聽到某人的委屈，卻想抱他在懷裡，究竟這股辛酸屬於誰，自己都不知道。我們生活中總會遇到很多人，有些人你莫名地喜歡、動了惻隱之心、想照顧他、為他打抱不平；但某些人其實沒得罪你，你卻討厭他、很小的動作都會令你發脾氣。你喜歡的總希望別人看見；你不喜歡，你壓抑，不承認；當各個面向不能被你自己統整掌握時，內外交戰的你呈現四分五裂的狀態，有如千瘡百孔。

在加拿大學習心理課程談到上述的心情時，我的老師瑪莉亞邀我體驗薩提爾女士所發展的一個理念——協助個人內在不同面向的整合。

她請我挑幾個自己喜歡的和不喜歡的人，古今中外、歷史人物、電影明星卡通影片……會觸動到我心坎裡的，都可以選擇。

我問：「挑這些要做什麼呢？」老師說：「角色扮演，看你喜歡他們什麼、不喜歡他們什麼。」

我挑了三個喜歡和三個不喜歡的人物，原因是喜歡他的正派、豪邁、大公無私，不喜歡他的虛假、偏激、小氣。老師接著說：「接下來我們就讓你喜歡和不喜歡的人來開個party吧！」現場像個舞台劇，主角們把我喜歡和不喜歡的個性以肢體語言表現出來，彼此間都有互動。

薩提爾女士曾說，人身上擁有不同面向，每個面向都帶著不同的特性。如果你能夠承認並加以整合，有如英文字hole之前加上一個W，W+hole=Whole，那你這個人就是完整的。

那次體驗，久久不曾忘懷，每想起它對我的觸動與影響，就想著在日後的工作中能與學員分享，希望授人以漁，透過他們自身的體驗，帶著覺察在生活中提醒自己，給自己打氣，能擁更高自我價值來面對生活中的困境。

以下就是我從過去許多案例中重新整理的內容，不希望給曾經上課的學員帶來困擾，又能提供一個學習與反思的過程。

第一段，讓特質現身

生活中，我們總有些喜歡與不喜歡的人。有些人我們清楚地知道喜歡、不喜歡的理由，有時候也會不自覺地對某些人產生好感或是厭惡。在練習中，首先讓主角選擇喜歡與不喜歡的人，是想從他們行為的過程中體會可能有的相似感受，不論是身體或是情感。

我：我想問你一些事情，在整個歷史，從古到今，在你生活裡面，一定有些人你喜歡，有些人你不喜歡。

主角：對！

我：對吧！那你告訴我你最喜歡誰？從古到今、現實生活、歷史人物、影視明星……都可以。

主角：嗯……你這個問題……

我：你從來沒有喜歡過誰嗎？

主角：我喜歡……過很多……

我：好，講一個。

主角：其實……我比較喜歡那個現實一點的那種……

我：現實不現實，幻想都可以，只要是你喜歡的。

主角：我比較喜歡甄嬛。

我：甄嬛……喔，你喜歡甄嬛的什麼特質？

主角：首先，我比較喜歡她是一個很正的一個……然後……我覺得她還……有勇有謀。

我：有勇有謀，還有呢？

主角：還有我覺得她能那個……很那個……很鎮靜，嗯……還有……很有內涵。

我：好，除了她還有誰？

主角：秦始皇。

我：你喜歡他什麼地方？

主角：不喜歡，不喜歡他的專制，

我：喔，專制。

主角：暴力。

我：暴力，還有？

主角：小氣。

我：還有沒有？

主角：其實這個暴力叫做殘暴。

我：殘暴。還有什麼嗎？就寫一個甄嬛，一個秦始皇，好！再寫一個喜歡的。我們至少寫三個喜歡、三個不喜歡的人。

主角：喜歡的？寫三個？喔……是男、女都可以？

我：都可以！其實可以鎖定在人啊，動物啦，或是卡通都可以，我比較喜歡鎖定在人。

主角：我身邊的也行？

我：也行。

主角：我喜歡的一個好朋友，可以嗎？

我：好朋友，當然可以，你可以寫名字，也可用代號。你喜歡她什麼？

主角：我喜歡……她的善解人意。

我：還有呢？

主角：喔……很溫柔，還有，我覺得她很能幹、聰明！

我：差不多了，你再寫一個不喜歡的。

主角：不喜歡的呀？我媽，可不可以？

我：可以。不喜歡你媽的什麼？

主角：其實……跟上面那一個很像，我媽……那個很粗暴，喜歡掌控，還有……我媽也偏執……對，其實這個就像我媽。

我：好！再講一個喜歡的，

主角：喜歡的？其實……我比較喜歡女將軍……之類的，梁紅玉。

我：喜歡梁紅玉什麼呢？

主角：我覺得她很勇敢、獨立，還有……有勇有謀，還有她有激情。

我：喔，激情，PASSION！不喜歡的，再來一個。

主角：不喜歡的？不喜歡的……我覺得……中學老師。

我：老師？所有的老師一竿子打死？

主角：不是，不是的，就是我讀書時的高二老師。

我：不喜歡他哪裡？

主角：這個也是以前的……

我：沒關係，沒關係，不喜歡他哪裡？

主角：冷漠。

我：冷漠，還有什麼？

主角：其實也是粗暴。

我：粗暴。

主角：自以為是

我：自以為是，還有嗎？

主角：還有那種……以偏概全。

我：以偏概全。

主角：其實也就這些。

我：好。

主角：還有……那個，武斷。

我：武斷，跟以偏概全不太一樣？

主角：他有一點……就是這一塊，魯莽、魯莽，這個應該加魯莽。

我：魯莽。

主角：ㄟ，加魯莽。

我：好，魯莽。

第二段，讓特質角色互動

當角色扮演者用主角要求的動作，在party過程與他人互動，身體、心理所產生的所有情況，是主角多數也都會有的相似的身心反應。也就是說，角色在人際互動的反應也是主角可能擁有的經驗。

我拿著角色名牌走向主角。

主角：這麼多（笑）。

我：六個啊，你可以邀請同學來扮演每一個人。

我：所有的人都可以邀請，除了我。我要工作，不然我也要玩，其實蠻好玩。這只是一個代表，你不要不好意思，你覺得哪一個適合就拿給他，當然對方也可以拒絕你。

主角：是的，我現在是在找感覺。

我：秦始皇，媽。

主角走回場中央，邀請成員扮演秦始皇角色。

我：秦始皇，冷漠、粗暴、自以為是、武斷、魯莽、以偏概全。

主角大笑，走向學員，邀請他們扮演高中老師及其他角色。

我：行。我們現在要演舞台劇，開一個party。首先呢，你看甄嬛，她是正、有勇有謀、鎮定、內涵，你是導演，你要讓甄嬛在這個舞台出現的時候，你怎麼樣讓她走起來，怎麼樣讓她的動作是正、有勇有謀、鎮定、內涵，從她的動作當中就能呈現出來。你是導演，你要甄嬛是怎麼樣的，你就示範出來給人家看。

主角：所以我要演？

我：是啊，導演要先演給甄嬛看，甄嬛看著導演演，然後甄嬛就隨著導演的步伐走出來，把那個情感走進去。這其實很有趣的，演員訓練就是這樣。你看你進入那個角色，甄嬛出列喔（對甄嬛說），你就在那邊看著她，然後就跟著她，隨著她的步伐走，她怎麼詮釋這個角色的，你就按照她的方法，照她的表演來演。（對主角說）你要留意她，看她符合不符合你心目中的甄嬛。

主角：一定要用走的方式嗎？

我：因為要開party，這些人要碰在一塊啊，讓這六個人一起開舞會。

主角：我覺得甄嬛最那個，我比較欣賞她的地方就是，其實那個時候她不是一個動態的，她是坐著的，就是說當那個很多的困難來的時候，她能坐在這裡，很鎮定地看這個場面，然後做出最恰當的反應。

我：行啊，你也可以搬張椅子讓她都不動。甄嬛會動吧？

主角：她那個，她動得很少。

我：好，那就很少動，她的動作很少，譬如說她很鎮定，你怎麼在表情上顯示她的鎮定、她的內涵，怎麼樣從她很細微的動作來表現她的內涵跟鎮定、有勇有謀，她的正直。但是她必須跟人家接觸的時候，她會怎樣？

主角移動了幾步：就是……嗯……設計一個場景吧。

我：沒有，這就是一個舞台，待會兒他們六個要見面，開個party。甄嬛要面對秦始皇、好朋友、媽、梁紅玉跟高二老師，穿越時空。反正是演武的梁紅玉，帶著清朝的甄嬛，還有好朋友，去面對秦始皇，還有你媽、你的高中老師，他們要一起開party。

主角：嗯……我覺得甄嬛就那個……

我：你走。

主角：嗯……譬如說到一個大場面，像一個大場面，上台的時候有一個劇場啊，（主角開始移動）然後我覺得就……一步一腳，很踏實的那種感覺，對那個場面並不畏懼，就是說來了任何場面，不管她會發生什麼情況嘛，你感覺你都很勇敢，然後很鎮定地走過去，然後那個，有信心如果發生任何情況你能夠處理，任何的結果你能夠承擔。

我：好，就走走看吧，甄嬛。就從那邊走過來就可以啦，從你的位子上開始走。

主角：我來帶她走一遍。

我：喔，你要看著她走，然後要走給她看。

主角對甄嬛說：對，你走的那個有感覺。

我：甄嬛不會那麼笑吧？

主角：不會那麼笑，有一點那個……（兩人準備好開始走）

我：你把她的正啊，鎮定啊，內涵啊，不是走到那邊，要走這個場子，然後主角就退開，看看她走得像不像你要的。

主角：上面的感覺我覺得不錯，就是腳步上面還要……

我：隨時隨地都可以走，然後她看可以。

主角：腳步還要那個……穩定一點，我覺得那個……對。

我：甄嬛的手是殘廢的喔？

主角：手可以……（讓甄嬛把手交疊在腹部）

我：可以了喔，甄嬛，慢慢走回到你的位子。

主角：嗯，可以可以。

我對甄嬛：走回到你的位子，記住你身上這種感覺，走回你的位子去。

甄嬛回座。

我：秦始皇的專制、殘暴、小氣，在舞台上會出現什麼樣子？

主角：在舞台上面，他……我是討厭他那種撲克臉。

我：好，那你就把撲克臉擺出來。

主角：然後就那個……那個……

我：專制。他的動作也可以……

主角：然後你要像這樣……（主角擺出撲克臉）

我：好，你開始走動。

主角：我走嗎？

我：你走給她看啊（對著秦始皇說），你看，跟著她走。

主角：不是，要皮笑肉不笑。（秦始皇模仿主角開始走）

我：動作，點點頭，嗯……（對著主角）你轉身看她走得像不像。

主角：背要挺直一點，嗯……要有氣勢。你看我，然後看那個。

我：對底下這些你的子民們。

主角：對，對。

我對主角：可以嗎？

主角：臉部還要那個，臉部的表情還要僵硬一點。可，現在感覺還可以。

我：慢慢走回去。記住這種感覺。

秦始皇回座。

我：好朋友善解人意、溫柔、能幹、聰明。（對好朋友說）沒有，不是你隨便走，是她心目中的好朋友是什麼的樣子。

主角：就是那種，很溫柔吧，走路很那種，反正很可愛那種。

我：好，那你就走起來很溫柔可愛。

主角開始走，走到好朋友前面，好朋友站起來跟著走。

主角：她也像她自己，笑得挺可愛的這樣子。

我：可以喔？對誰笑呢？對空氣笑嗎？

主角：對大家笑啊。

我：可以喔？

主角：可以可以。

我：可以就走回去。

主角對好朋友說：稍微自然一點。

好朋友回座。

我：媽，粗暴、掌控、偏執。

主角：媽呀，聽到我媽就開始……

我：聽到你媽就開始？

主角：馬上那個脊樑就挺了一下。

我：好，媽媽，粗暴、掌控、偏執。

主角：我可不可以表演我媽打我呀？

我：可以啊，你就想像你在前面，你媽怎麼打你呀！

主角的右手往左上方揮拳。

我：好，那就一面走一面打。

全場笑。

主角：人笑傻了，我媽一生氣那個有表情啊。

我：好，表情來。

主角：眼睛一瞪，老爺的父母，然後就ㄆㄧㄩˋ（揮拳），老爺小時候就ㄆㄧㄚˋ（甩巴掌）一耳子似。

我：好，那就走過去。

主角：（走幾步）ㄆㄧㄩˋ（甩巴掌）。

全場笑。

我：ㄆㄧㄚˋ！

主角邊走邊甩巴掌。全場笑。

我：主角，看著媽。

主角：又笑場啦，不行啦，反正不能笑，生氣的時候（全場笑）。她也滿專制的，自己可以笑，別人不能笑。

主角：導演嘛。

我：導演來，媽。

主角：反正你走一圈，看哪個……

我：慢慢進入那個狀態、沉澱。

我：對，你想像前面有個主角在那邊，你心裡不舒服，想打她就打。

主角：對對對，打的都不是同學啊，打的是我。反正很生氣那種，一個小兒……ㄆㄧㄚˋ（甩巴掌）。（媽媽開始邊走邊甩別人巴掌），像這樣。

我：你要看她呀，像不像？

主角：還得真有點，不能笑。

我：行嗎？

主角：她如果不笑，感覺很像。

我：好，不笑。

我：梁紅玉，勇敢、獨立、有勇有謀、有熱情、有激情。梁紅玉是擊鼓的喔。

主角：對，她那個上戰場的時候，那個那種激發人心的那種拿鼓。

我：你看可以拿鼓、就激發人心，一面走一面……。對，這種，敲鼓的那種感覺，然後最後是她。

主角：那個戰車鼓是在戰車上推著走，可以走，可以動。對對對（邊走邊擊鼓），就這樣，然後其實還有一個動作。

我：想嘛，沒關係。

主角：鼓一敲完了之後，一般她會那個身先士卒嘛！然後她就會拿著那個大旗。

我：咚咚咚（擊鼓），殺！（舉旗前進）

主角：對對對。

全場歡笑。

我：像吧。

主角：就是這樣。

我：來，梁紅玉出列。想像前面有一個鼓。

梁紅玉：我要擊鼓才殺，對不對？

我：你隨時想殺就殺啊！

主角：不對，我說的不是殺，是ㄕㄚˋ！那一下手要那個。

我：很有力。

主角：要甩出去，要有那種氣勢，哈哈……

梁紅玉：好（擊鼓）有鼓對不對，（邊走邊擊鼓），ㄕㄚˋ（右手高舉旗幟）

全場歡呼、拍手。

主角：要甩出去，要有那種氣勢，哈哈……。

梁紅玉：好（擊鼓）有鼓對不對，（邊走邊擊鼓），ㄕㄚˋ（右手高舉旗幟）

全場歡呼、拍手。

主角對梁紅玉比出大拇指後兩人相擁。

我：對，走一圈。

主角：這個打鼓打得很用力。（梁紅玉邊擊鼓同時喊ㄕㄚˋ）

我：好，完全正確。接著高二老師，冷漠、粗暴、自以為是、魯莽。

主角：嗯，就這樣。就是我們那個，先是這樣，比如說，巡視教室的時候，你呢就那個（雙手托胸。高中老師隨著主角跟著動作，接著全場笑。主角點頭）對，就是這樣。很好。

全場歡呼。

主角：然後（雙手放到腰後合握），再一步就是這樣，就是說哪個同學在說話之類的，就這樣（抬下巴），幹什麼！（高中老師跟著主角一起做動作）

主角：對！（點頭如搗蒜），完全符合。

全場笑。

我：「完全符合。我們現在來排練預演一下，每個角色走上台上，把你的感覺走上台上，這就是一個舞台，不要離開這個舞台。現在先進入你扮演的角色的狀態，走你自己的。開始來預演，開始，不要管別人，每個人只管自己的狀態，對。」

所有扮演的角色開始做起該角色的動作，主角在一旁觀看，全場不時出現笑聲。

我：「媽不要笑場（待角色皆進入狀況）。好了，走回自己的位置。我們現在開個Party。所謂的Party是怎樣，是一個宴會，宴會就不是一個人跟自己的事情，所以每一個人要帶著這樣一個感覺，譬如說，這梁紅玉是這樣（擊鼓、ㄕㄚˋ），這是她要跟這些人（其他角色）互動啊，不是在自己的世界。剛剛是在自己的世界，這是他（角色）的個性他（角色）的特質。用這樣的特質，在這個宴會當中，然後跟每個人交流。這樣明白嗎？各位演員們。你（主角）有一個很輕鬆的工作，是在這邊（舞台邊）看就好。你們盡可能把剛剛的動作誇張，把內在那個能量發揮到最大，都讓它出來。因為進入宴會，你要跟別人互動，在互動裡面，用這種方式盡可能地發展出來。當我喊停的時候，就停在那個位置上。明白嗎，各位演員？（演員們點頭）。導演在旁邊看，我會跟你核對。來，宴會開始。」

角色們皆起身，用自己角色的舞步走入舞台，彼此交鋒約二～三分鐘後。

我：好，停……。（面對主角）你對誰比較有興趣，在這個過程中？

主角：我對那個，梁紅玉跟好朋友都有興趣。

我：好，我們去問問梁紅玉。我想問一下梁紅玉，在這個過程裡面，你跟所有人互動，你身體或心裡有什麼感覺？

梁紅玉：我第一個碰到的是好朋友，那時候就覺得這一個不是我要打的敵人，後來碰到媽媽跟高中老師，因為我沒跟甄環照到面，遇到他們三個，就覺得那個時候很想上的感覺。

我：很想上是怎樣？有股激情、衝動，還是好想把他們打垮？

梁紅玉：還沒有到要打垮，但是就是那種有一種氣勢要出去的感覺。

我：喔，這種感覺！你有沒有碰到那種好像不是特別喜歡的人，你就好像主動想碰他？

主角：很熟悉。

我：很熟悉，好。好朋友在這個過程裡面，你身體和心裡有什麼反應？

好朋友：我的身體非常想逃離，然後我的心裡覺得這裡危機四伏。

我：覺得危機四伏。

好朋友：因為我碰到那個就是梁紅玉，我覺得那種東西對我來說有點激烈了，我知道他可能不是針對我的，但是那種ㄕㄚˋ、那種大聲說話的那種東西，我也覺得，其實我不是也不是說不喜歡，還是有點不習慣，有一點點，然後，其他的幾個人我都覺得有點恐懼，有點，怎麼形容，有點恐懼有點不想去接觸，想逃避。

我看著主角：你有沒有這種感覺？有時候好像在人群當中，哪怕不是對你很大聲，你也會覺得有種壓力，常常想逃避的感覺？

主角：有。

我：那我們聽聽其他人好不好？

主角：好。

我：秦始皇，你在這個過程裡面，你身體跟心裡產生什麼變化？其他人，你們記住你們身體的感覺還有心裡的感覺。

秦始皇：身體，很機械，好像不是我的。

我：嗯哼。

秦始皇：心裡面會有一些生氣和不屑。

我：什麼事讓你不屑？什麼事讓你生氣？在面對什麼的時候？

秦始皇：在面對甄環很不爽，心裡有點不爽怎麼這個樣子。看到梁紅玉ㄕㄚˋ過來，我人一下子整個空掉了，我被他的眼神震攝住了，人一下空掉了，渾身冰冷。

我：記住你這種感覺（看向主角），有這種情況嗎？這種狀態你熟悉嗎？

主角：我在感受。

我：有時候面對很大的東西，你突然也會有一種驚嚇，然後有時候會覺得，好像面對某些人，覺得自己很僵硬。

主角：有，很緊張的感覺會。

我：很緊張的時候，然後身體冰涼，然後好像一片空白這樣。

主角：緊張，我一般是，遇到那種大的指責和衝擊的時候，我會有那種很緊張、全身就會發熱。一般這個時候我現在的處理是……。

我：不談你現在的處理，我只談這種感覺你有沒有。有時候哪怕像好朋友啦、像甄環啦，在你感覺上是很喜歡，可是有些時候也會讓你好像不舒服，是吧！

主角：腦袋空白？

秦始皇：不是腦袋空白，是整個人好像一下子空了。

我：空了？

秦始皇：人一下子好像就空了，不見了那樣的感覺。

主角：這種感受我還不知道是什麼，沒發覺。

我：有可能。

秦始皇：我好像就空了、不見了的感覺。

我：OK，媽媽，在這個過程你的身體跟心裡的反應是？

媽媽：我發覺我在面對好朋友，還有甄環這個……他們其實沒有跟我相碰的時候，我的手揮出去、我感覺我的手是空的，就像只是外面那個影，其實裡面是空的。當我碰到梁紅玉跟秦始皇的時候，好像會激起我內在的力量出來，我這個手揮出去就很有力，包括在面對高中老師那種不屑的時候，也會把我這種力量激發出來。

我：遇弱則弱，遇強則強。

主角：這個很像。

秦始皇：我接到的瞬間確實很害怕，但我還在極力地反抗，有一種外強中乾的感覺。

我：當你面對這種很大壓力的時候，會極力去和它對抗。

主角：對、對，這裡有。

我：外強中乾。

主角：其實內心很虛弱，但是不認輸。

我：好，甄環。

甄環：我的感覺是，覺得自己是很有力量的，然後目空一切，我覺得這些人都不是在我的關注範圍之內，或者說這裡發生的事對我來說都不是事情，我覺得都可以淡去，只是時間的問題。所以剛剛上來的那一個剎那，我跟每個人都沒有直接的交集，然後梁紅玉因為發出聲音，雖然沒有眼神上的溝通，但是她的聲音我一直都聽得見，我很喜歡她的聲音，就那種很有激情的笑，我覺得很爽，然後在那個剎那我覺得我是鎮定的，我其實很喜歡這部分，但是我不覺得我跟她之間是有衝突的。然後秦始皇和媽媽，我覺得這兩個人是有點外強中乾的，媽媽，特別是那個手對於我來說，我覺得那只是一個形式而已，秦始皇我覺得就不是我的事，就我現在不想動而已。

我：像嗎？

主角：很像。

甄環：在高中老師這邊的時候，前面這些人我都有點心如止水的感覺，我就不動，唯獨高中老師特別讓我毛，不管我怎麼鎮定他在那兒挑釁，然後我就特別想……什麼鎮定什麼內涵都不要，就想他快點死……

我：好，高中老師。

高中老師：一開始的時候我沒有跟大家交流，我覺得我還在自己的狀態裡，但慢慢過來的時候就會碰到大家，我……就想挑釁甄環，真的，他給我這種感覺，非挑釁他不可。

主角：我也是很挑釁的（笑）。

高中老師：對，我就是想對甄環這樣。

我：好，沒有關係，因為時間，我們就先談到這裡就好。你們現在不是他眼中的梁紅玉、甄環等人，現在你們要演的是把你剛剛的感覺慢慢擴大或增大，例如說挑釁、怎麼挑釁，你現在就是把你剛剛的感覺給演出來，形式自由一點點，但是要把剛剛情感跟身體的動作演出來，懂嗎？我喊開始就開始，你們不是在自己身上演自己，你想去挑釁誰、想怎麼做，還是想怎樣，還是在party裡面跟別人互動。

好朋友：只能在這個範圍裡面？

我：當然，你要用現在你的感覺、要用剛剛你體會出來的感覺，把它變成現在的你，明白嗎，但是要跟別人互動，來，開始。

第三段，互動、體驗、核對

角色扮演者運用所體驗到的身心反應，強化並以此與他人互動，更深層體驗互動時所產生的身心反應，再次與主角核對，是否也有類似經驗。

大家開始動作，在很少的時間內。

我：為了全部六個人的和諧，你們做什麼、需要找到誰合作，怎麼樣才能和諧。我想請你們都坐下來，就目前的狀態圍成一個圓圈，用現在的樣子，談談你們怎麼成功的。

好朋友：我的感受，我覺得這是一個重組，我看到這個重組的過程的時候非常難受，因為我跟不上，也根本不想面對，我覺得我好像要很委屈自己，才能建立一種好像不是我內心想要的和諧，是給別人看的那種和諧，但我心裡又有另外一種聲音，覺得好像這些東西都很強，我感覺我很重要，如果我不去的話，這種和諧是達不成的，其實我的心從一開始的環節到任何一種環節我是最難受的，前面我不是太難受，因為很自由，我可以選擇站在那裡，選擇離開，但現在我覺得我身上有責任或是什麼東西，讓我必須在那裡，我不能逃，因為我逃了就不能整合。

我：所以你願意為了這個和諧去調整一下？

好朋友：對，我很努力的調整，因為我不討厭，尤其是看到高中老師是最大的一個課題，他是不願意融入的，但我又感覺他是願意跟我靠近的，所以說我覺得這個東西，反正我是矛盾、糾結的那種，有點覺得委屈自己，但是不得不去的感覺。

我：但你做到了，雖然有點委屈。

好朋友：但是我也不確定這是我真正的想法，還是做一個場面，因為是給人家需要的。

我對主角說：熟悉嗎？（主角點頭）OK，下一位。

主角：他說的是我最近的狀態。

我：最近的。

媽媽：我覺得要在一起的話，我首先想到的是那麼溫柔、善解人意、撒撒嬌這個就是特別好的溶解劑，我覺得這個很好，然後我想如果我和梁紅玉、甄環、秦始皇要整合的話，我就去想我們有什麼共同的東西，我想我們是有力量的，有一種堅定的力量，所以我用這種堅定的力量跟你們去碰撞，這個是我們共同的，我覺得就不會錯。對於高中老師，有點理解成掌控，然後我發現撒撒嬌就可以進來了，然後這樣我們就整合在一起了。

我對主角說：像嗎？有些時候可以以柔克剛，雖然不一定要這樣做。好，再來。

甄環：在所有部分當中其實我有不喜歡的地方，但是為了整個大的東西的完整，我覺得我是可以容納那些小的不喜歡的地方，對我來說我願意這樣做。一開始，我找了比較喜歡的梁紅玉，當我看到他的時候，我覺得在他那我收到了他想跟我在一起的訊號，然後我們兩就結盟，就看到善解人意的好朋友和媽媽，覺得這兩個人也是可以走在一塊的。當我們手拉手的時候，其實那時候我不願意和秦始皇牽手的，心裡只有阻抗，梁紅玉非常有智慧，他就調整自己的位置，然後站在我們兩中間，我覺得這是可以的，這邊是媽媽，高中老師一直特意站在外邊，當他靠近的時候，我的心裡已經不會特別對他反感了，我覺得要想辦法讓他回來，所以我向他示好，但他還是特別討厭我，我想那就不要在他面前找碴了，讓善解人意去，他比較吃這一套，所以就讓善解人意去，大概是這樣。

我對主角說：當你要顧全大局的時候，你是挺有策略的，（主角笑）是吧？

主角：對。

梁紅玉：我第一個也還在看，後來我想甄環也靠近我，我覺得很好，因為他跟我一樣有勇有謀，我們合在一起領導力就更強，所以那時候他跟我手牽手，後來還在猶豫這個大局要怎麼和諧一點，後來看到好朋友跟媽媽其實都很穩定，好像可以合作，但起先我不是要擋著好朋友和秦始皇，是高中老師。好朋友已經釋出了善意，但他還是跑了，我就想他可能繼續還是要那種挑釁的，所以我本來想過去牽他，我也想他是不是想吃糖但又不好意思，所以我就想用我的激情去抓他看看，結果他還是不要，我想以暴制暴沒有用，就放掉了。後來我看到秦始皇在那裡，想要和諧總不能排擠他，就把他抓進來，還好他也樂意，所以就在這裡。我看到好朋友在那邊跟他（高中老師）撒嬌，我很不滿意，想說這個人，在這個狀態用這個討好他的方式太便宜他了，我才不幹這種事，我本來有一個策略是想我全部把他包在裡面，讓他不能亂動，可是還來不及他就軟化了，也好，就像把一頭野獸先困住，再馴服他。

我：你們兩個有勇有謀碰在一起，就更有勇有謀，有些就需要策略，你理解以暴制暴是沒有用的。

主角：嗯，我覺得以暴制暴要看對象，那是我的理解。高中老師，是我身上很桀傲不遜的一面，啊，我剛剛看那個情境就很熟悉，嗯，而且我發現，高中老師和好朋友是我自己的對立面，所以說他們之間會互相不開心，因為，因為你用那個善解人意低頭的時候，其實心中的另一面其實是很反抗的。

我：那？

主角：所以說，我看到這一幅很有啟發，就是內心的那股力量還是會想把它抓回來，剛剛你說的那種困在中間的感受，我也有過，比如說我內心的野性出來的時候，我也曾經想把它制伏，但是後來發現這種方式，也許吧，困在中間它會衝、衝、衝破，破壞會更大，所以說，也許這叫破壞，是嘗試過這種方式，可能是受傷過的。

我：OK。秦始皇，你呢？

秦始皇：我想要讓大家在一起，首先我得放下一些，和緩一些，我就趕緊找到好朋友，那真的很舒服，還沒顧得及發生什麼，我就感受到他的友好和善，我很高興，同時呢，我也發現這個高中老師，他在我的旁邊，不跟我有連結，一直這樣擠著我，然後臉又看著別處，我就真的搞不懂他到底要幹什麼，是要進來呢，還是要走呢，還是要幹什麼，我心裡蠻生氣的，我想，要嘛把他拽到中間，要嘛把他踢出圈外……

哄堂大笑。

我：笑啦？

秦始皇：但我緊接著想，不行，不能在一起，那怎麼辦呢？我的力量真的達不到了，換個位置吧。換了兩次還是三次，我一直都搞不定，反而把我自己落在外面了，最後呢，梁紅玉把我接了過來，我一看，哇！又在這旁邊，但沒擠我，擠的是好朋友，還是用那種方式，嗯，就該想個辦法，該用的都用過了，怎麼辦呢？好朋友在那邊啊，我想我也做點什麼吧，去拉他手，啪，把我甩開了。你既然能不甩好朋友，我也能想辦法，想怎麼樣，拍，拍一巴掌一響，不能動武的，不能動粗，不能動粗就粗細結合……我發現我這樣放在肩上的時候，他沒有了那種對抗我的力量，蠻好的，那邊牽著手的又不反對，那我就拉著胳膊了，拉著胳膊我就想讓他再下來一些，怎麼辦呢？撒撒嬌吧……

我：精準吧？

秦始皇：撒撒嬌吧。

我：哈！精準吧？

主角：精準。

我：不能動粗的又不願意動細的，就粗細結合，策略循序漸進。來吧，高中老師。到底是孤僻粗暴還是桀傲不遜？你看你聽完他們所有人這樣講，你是？

高中老師：唉，辛苦，其實我一開始就沒想在中間，我只是想在旁邊站著，一個舒服的地方，我也沒想走，我覺得OK啦，我也沒那麼桀傲不遜，沒那麼屌吧？我站在旁邊找個舒服地方你們都不讓，憑什麼你們都要把我拉到中間……

我：你看他臉上的表情，熟悉嗎？

高中老師：幹嘛呀，非得拉一圈才行嗎？我就站在旁邊不可以啊？你還要死命拉我，哎呀氣死我，唉唷，我後來發現情勢不對，太嚇人，壓力太大，往往……不在一圈，我怕我……不知道會不會被遺棄，我實在不想把那隻手伸出來啦，我只希望把我隔絕掉，更要命的是，還像小孩一樣，要來撫摸我，我幾歲啊，三歲孩子啊，哇！

我：什麼感覺？

主角：我很心疼很心疼，其實我一直很忽略這一塊，有時候真的很委屈自己，也就是，假如剛剛第二遍，我大概就會說好，真的。

我：嗯，你知道嗎？這就是你的每個部分，有些時候你如果沒有去關注，哪怕他那麼生氣，只是你沒有用到更好的方法來關注自己，他一直想在外面會出事的。你知道嗎，哪怕你覺得你是桀傲不遜，你沒有那麼大，可是別人不會了解，只有自己通通在一起的時候，才能開心。如果你常常讓這個東西冒出去，傷的只有你自己，因為這些都是你的內在。

主角：是的。

我：不管今天是有勇有謀、鎮定、內涵、專制、殘暴、小氣，都是你；今天所有的善解人意、溫柔、能幹、聰明、掌控、偏執，也是你；今天的勇敢、獨立、冷漠、激情、粗暴、自以為是、魯莽、武斷，也是你，就差在你不去接受那是自己的一個部分，真正在裡面撕裂的是你自己。你願不願意把它們重新找回來？想要接受自己不喜歡的，是很難過很辛苦的，可是它們其實也給你很大的能量，你看桀傲不遜，它是一個很大的能量，你如何運用不同的方式，來拯救自己而不是折磨自己。你看有勇有謀，顧全大局，稍微委屈一點，照顧一下自己，還是循序漸進慢慢來，有其他的可以互相協助，不能強制，可以以柔，他最喜歡的是這一份溫柔，兩個都是你有的啊，你願意把這些都承接回來嗎？

我：請你站到中間去，邀請所有人都站起來。你們要做的一件事是，首先你是好朋友，我是你生命中的好朋友，我代表的是你善解人意、溫柔、能量、聰明，你願不願意接受我就是你的一部分？如果主角願意，好朋友就把手輕輕地放到主角左肩，滑過他的前胸，但是不要摸胸部啊！滑過他的前胸，換到這邊。換下一個人來。我是你的高二老師，我是你現在擁有的冷漠、粗暴、自以為是、以偏概全、武斷、魯莽，你接不接受這是你的？如果主角接受，再觸摸他。然後過來，轉一圈，每個人都說一樣的話，把你的東西讓主角承接，他願不願意承接過去。明白嗎？

當所有的特質都經由這個練習的儀式與主角交流後……

我對主角：這個就是你，你生命當中有善良也有專制，也有魯莽，也有勇有謀，也有正直，所有的你都有，當你承接回來所有的特質之後，你才是個完整的人，你願意冒險，嘗試看看嗎？對自己許下承諾，趁著他們的能量都還在你身上，你會怎麼做？你會有勇有謀、鎮定、內涵、同時有專制、暴政、小氣、殘暴、能幹、聰明，也掌控、偏執、獨立、激情，有時候你可能不滿意，這都是你。你看，當所有的特質一一整合起來，這才是完整。給自己一份承諾，從今以後，你會怎樣？你願意……

主角：我很愛他們。

我：愛你身上所有的部分，喜歡的不喜歡的都愛它們，你會成為它們的主人，不會讓它們任意地為所欲為。

主角：偶爾可以。

我：偶爾可以，太美啦，不要強迫自己，火來的時候可以拗一下，粗暴一下就粗暴一下，反正你有勇有謀。

主角：謝謝。（笑）

成為內在自己的主人

很多時候，各種不同的個性特質會不自覺地想成為主人，掌握全局，但是每個內在並不一定相互臣服於彼此，主角因此處於掙扎紛亂之中。只有覺察、承認，並看清楚真實的狀況，主角才能拿回主權，真正成為自己內在的主人，相互合作，也才能有一個內在和諧的自己，更好地運用不同內在的組合，因應外在的困境。

多年前，我看過一本小說《雙面夏娃》，我覺得人的兩面性是自然，但同時讓人害怕，人際互動上不知如何與人相處，也不知在何種情況下會無意間觸及他人的底線，生活裡小心翼翼，還是在無意間傷人傷己。

誰知道，人不止雙面，不論你喜歡或不喜歡的他人，往往來自自己內在的投射，不自覺中也呈現出自己內在的陰暗面。孫子兵法云「知己知彼，百戰百勝」，其實知己並不一定就是想贏過別人，而是知而後能改，知而後能修身，儒家修身始能家齊。如果不知如何修正自己的不足，不知他人的長短，又怎能趨吉避凶，擁有和諧的人際關係呢？

這不是個案處理，而是在練習的過程，透過他人的協助，看清自己，認識自己，藉以提升對自己的覺察，修練自身，提升自我價值，以因應人世間的各種難題。

謹以此與大家分享，願有不一樣的未來。

Part V

體悟

在學生的眼中：
老賴是一株扎人的仙人掌，針針入裡……
老爸看起來沒個正經，其實很有心，一招一式都
直指要穴……
他淡淡地說：「我知道那種痛有多苦，我無法替
他們痛，但是我可以陪伴。」
如此而已。

借著他帶來的光，向前行

Dorothy／文

課程第二天

談笑間，檣櫓灰飛煙滅

昨天，終於見到了傳說中「如師如父」的賴杞豐老師，也略微領教了他的犀利和嬉笑怒罵。

一下課，賴老師就坐在教室的沙發椅點起煙，邊抽邊跟人聊。在他的身上，比常人少了許多規矩，多了很多自在鮮活，真讓人羨慕。

別看他口無遮攔、插科打諢，但他有耐心花一整天的時間去了解每個人想要學到什麼。當然常常他也忍不住直接拿根「針」扎某個人，然後一邊扎還一邊跟其他人講講玩笑——讓我想起生孩子的時候躺在手術臺上，為兒子接生的醫生一邊用刀子割開我的皮肉，一邊跟其他的醫生聊晚上要吃什麼……頗有點「談笑間，檣櫓灰飛煙滅」的感覺。

剩下的幾天，就放下預設，安心體驗吧。等扎到我再看疼不疼。沒扎到的話，就用別人的生命故事當鏡子，反觀自己的人生囉。

課程第三天

一棵扎人的仙人掌

上午課間跟一位同學在教室外面簡單聊了幾句，一抬頭，斜靠在紅磚拱門上屌屌地抽著香煙的，是賴老師。

第一天是五顏六色的花襯衫。第二天是印著漫畫的白T恤。今天是被他鼓起的小肚腩撐得有點顯短的黃T恤，搭配淡藍牛仔褲和一雙螢光綠、很炫酷的運動鞋。

這個總說自己「很壞」的小老頭兒，說話很直。直到今天有位女同學形容他像一棵仙人掌——扎人啊！

扎人之外，這老頭兒很有生命力。第一次在課堂上聽老師又是屎又是尿又是「TMD

的」跟我們開葷葷素素的玩笑。

一點不端著。

不僅不端著，還動不動叫我們這些年紀比他小幾十歲的人「大哥！」「大姐！」……人家用「嬉笑怒罵」描繪他的風格真是再傳神不過。

看起來沒個正經，其實他很有心。每位學員分享過的話他都記著，就算「扎針」，也用的是不同的手法，看人下菜，對症下藥。他一針見血刺到你痛——痛定思痛，改變就更有可能了。

不怕當「壞人」，不屑當「爛好人」，他就是一個很真實的人。

明天是第四天，拭目以待。

課程第四天
怕個屁呀！

喏，就是這個笑嘻嘻的壞老頭給我們上了四天課。

中午下課後走去代一位幾年前上過他課的朋友向他問好，他說還記得。我說朋友拜託我拍張「老賴」的照片給她看看，他就這樣舉著煙，坐在那兒笑著讓我拍了。拍過還要我把照片發給助教轉給他，說一定要把他拍得帥帥的才行。我當即把手機裡的照片給他看，他表示滿意。

他確實是一位不同尋常的老師。

從沒見過這麼「不正經」的老師，好像老頑童周伯通一樣，吊兒郎當，屌屌的。可他其實一直在暗地裡發功，一招一式都直指要穴。他戳你是在幫你看到自己的破綻，讓你的功夫可以更加精進。

下課後往大門走時遇到他，問他什麼時候會再開演唱會。二〇一三年他曾經在台北Legacy開過《夢．人生》演唱會。如果他在上海再開，我想我會去聽。哪知他背著雙肩包、拉著旅行箱邊走邊講：「不開啦！還開什麼開，神經病！」

搭我車的一位女同學臨別前跟他擁抱了一下，聽到他對她說了一句話，但我沒聽清。回家路上，這位原本很有能量但最近狀態比較低迷的女同學告訴我，老賴對她說的是：「打不死的小強，快滾！」

從車庫走到電梯有一段陰暗的路，我常常因為害怕遇到壞人走得提心吊膽。今天卻好像有一個聲音在腦子裡說：「怕個屁呀，遇到了再說！」這聲音聽起來……有點像老賴。

課程第五天
謝謝老賴帶來的光

又和老賴見面了。

還是那麼屌。連他的白襯衫都不規矩，硬是要鑲上一圈五彩斑斕。牛仔褲有點小吊檔，褲腳捲起寬寬的邊，褲腿上好些水洗的斑點。鞋呢？一雙 Y3 的帆布鞋，高幫黑面加上橙紅的鞋頭，盯著看的時候我一直想——好像丹頂鶴哦！

老賴坐在單人沙發裡，邊桌上的花瓶裡插著幾支香水百合。聽著老賴對學員針針見血的辛辣點評，突然覺得這瓶香水百合擺在他身邊太違和了。擺盆仙人掌更合適吧？

可老賴也有溫情，甚至可以說他很多情。六十多歲的年紀，養老的錢肯定早掙夠了，照理說，在家吃吃玩玩或是周遊世界都是可以的，他卻還到處講課，揣盒「銀針」到處給有緣的人問診人生，想方設法讓學員體驗自己內心裡被掩埋、被忽略的種種，進而由低迷的狀態中「敗部復活」，重新找回正能量。

講這樣的課一定很累，可是老賴的精神頭一直足足的，一會兒插科打諢，一會兒當頭棒喝，好似濟公，沒個正經，卻一心度人。

前天下課前，老賴說，他只是希望我們「看到」。我突然感動得眼眶有些濕潤。這個上禮拜才剛在台灣動了視網膜手術，兩隻眼睛加起來被鐳射打了快兩百發、到現在還視線模糊的老賴，連自己的眼睛能看多久都不知道，卻還惦記著想讓我們多看到一點。

看到了，就說明有光進來了。

謝謝老賴帶來的光。

課程第六天
原生家庭圖的寶藏

晚上，我在家完成「作業」——畫原生家庭圖。

兒子穿著溜冰鞋在一旁晃來晃去，不時瞄幾眼。我乾脆把他叫住，以他的角度為他也畫一張原生家庭圖。其中一部分，要寫出每個家庭成員身上他喜歡和不喜歡的特點。

在兒子眼裡，喜歡爸爸的「溫柔、好脾氣和寬鬆（指的是比較容易把 iPad 密碼告訴他）」。

不喜歡爸爸的「暴力」。他所謂的暴力就是爸爸打過他。

「爸爸就打過你那麼一次。」我提醒他。其實也就是比較重地拍了他一下，但兒子認定那就是在打他。

「不止一次。」

「兩次？」

「差不多吧，反正他打過我。」

我慶幸自己一直堅守著不打孩子的底線，不管再怎麼生氣都沒有打過他。不然一巴掌下去容易，要從孩子心裡消掉那印記就難了。

「那你喜歡我什麼特點呢？」輪到問自己的特點了，我有點期待又有點忐忑。

「我喜歡你的唯一一個理由就是——你是我媽。」

啊？？？

「只是因為我是你媽？」

「對啊！我想應該沒有孩子不喜歡自己的媽媽。」

「那我身上有些什麼讓你喜歡的特點嗎？」

「嗯……比如你會撒嬌。」

「會撒嬌算優點嗎？」

「算啊，就是比較可愛嘛！」

「還有嗎？」

「還有你很搞笑。比如以前你寫的微信把我看得都笑尿了。」──那次他真的笑尿了。

「還有嗎？」

「還有就是『你是我媽』！」橫豎只要是他媽他就喜歡。

「你不喜歡我什麼地方呢？」

「暴躁呀。你脾氣不太穩定，本來在生氣，一會兒開個玩笑又好了；本來好好的，突然一下子就生氣了。你太容易生氣了。」

這些我都承認。接著兒子說到他眼中自己的特點：「我愛玩，會找樂子。不像有的人掙了很多錢早飯只吃一個饅頭。」純粹一「享樂派」啊！

「我廣交天下豪傑！」說出這一句，兒子特別得意：「我好不容易才想出這一句的！

「應該說，我廣交天下女豪傑——因為我交的豪傑大多數都是女的，只有六個是男的。或者說，我廣交天下知識份子。」

我笑起來：「你才剛三年級，啥知識份子呀？」

「那小辰懂那麼多，跟我比他就是個知識份子！」

好吧，衝你這點年紀能說出「廣交豪傑」和「知識份子」這兩個詞，就算你也是個小「知識份子」吧！

「我也可愛、搞笑。」

這是真的——這傢伙是個小活寶。

「那你對自己有不太喜歡地方嗎？」

「有，就是啊……我太胖了，造成我行動不太方便，每次跑步都落在後面。」

課程第七天
他真的很走心

老賴很另類。

到今天我也算上過不少老師的課了，從來沒有，我想再也不會見到哪位老師如此輕鬆愉快地把「刻薄」、「賤」、「自私」這樣的詞安在自己身上。連他自己都講自己「瘋瘋癲癲，三三八八，囉囉嗦嗦」。

但他又很可愛。

上午一位男同學因為收穫太大，忍不住當場表達了對老賴的感激。老賴站在教室中間朝他擺擺手，叫他不要再誇了，不然他會臉紅的。然後全班同學就真的共同見證了老賴的臉一點點紅起來。

見老賴羞澀了，上次被老賴叫做「打不死的小強」的女生開口幫老賴解圍：「老師，你不是說害羞是正能量嗎？你臉發熱了是正能量上來了！」

全班哄笑。

老賴一點也不端著。講冰山就講冰山嘛，其他老師都是坐在那兒，讓學員或助教去把「雕塑」擺出來。只有他，擼起袖子親自上陣，單膝跪地扮起用討好拽住孩子的媽媽。這麼做只是為了讓我們看到那個畫面，從而得到真切的體驗。

見他似乎想要站起身，一位老被他像逗蛐蛐兒一樣「挑逗」的義烏男同學，三步並作兩步跑過去要攙他——怕他自己起不來。因為昨天寫白板時他也是這樣單膝跪地，然後是被兩位助教攙扶起來的。當時我看在眼裡，心生敬佩。就像老賴今天說的，他六十五了，畢竟是個老人了。但他不輕易讓我們看到他的不易。

老賴沒有讓義烏男同學攙，轉而要求在雕塑中扮演兒子的學員「扶媽媽一把」。被扶起的「賴媽媽」聲音突然有些哽咽，他說是被「兒子」伸過來扶他的手感動了——作為一個老人。

他真的很走心。

課程第八天
借著老賴帶來的光

昨天是老賴八天課程的最後一天，下午在草坪上拍集體照。

有學員衝過去拉著老賴想單獨合影，老賴頭一仰，身子一扭，說：「你懂不懂得尊重人家，問問我要不要跟你拍？」學員耍賴，拽著他硬要拍，老賴只好站在那兒被拍，卻不肯看鏡頭，把頭別過去頑皮地瞪著這個人。

集體照拍好，大家都往教室裡走，一位助教請老賴再跟助教團隊拍一張合影。老賴頭也不回，「不要！」逕直走進教室。「那……好吧。」助教臉上看起來有點失望，但好像很快也就接受了——跟他的課跟了這麼久，愈了解他的真實，愈尊重他的選擇。

課程結束前，老賴給每個人發證書。認認真真地站在學員對面送上由他親筆簽名的證書，同時送上的還有一個鞠躬，鞠得甚至比學員還低。

好多人想要跟老賴單獨合影。輕輕地問一句：「我可以跟你拍張照片嗎？」他都肯的。如果不問就想拍，他就把笑容收起來，抱起雙臂擺出酷酷的樣子。我知道，他其實是想教給我們「尊重」。

合了影，還有很多人不滿足，又排隊要跟老賴「抱抱」。

我前面一位抱完，老賴笑著皺眉說：「呃，你們怎麼每一個都說我像『爸爸』？」

我對他說：「你放心，我不會這麼說的。我只會說你太屌了太拽了，我太喜歡你了。」

擁抱時，感覺到老賴的身體暖暖的，肩頭軟軟的。後來看到同學幫忙拍的照片上，老賴的笑很是溫柔慈愛。

老賴就要離開教室之際，我突然想起朋友有句話一定要轉告老賴：「她說你永遠是她最愛的老師！」老賴開心地笑了，問：「你有沒有拍美美的照片給她看？」我說還沒有。

「那你拍張給她！」說著，他專程從門口走到教室中間，擺出一個酷拽的姿勢讓我拍。

老賴就是這樣一個人，愛恨分明，有酷帥，有嚴肅，亦有柔情。

開車回家的路上，一直聞到一股淡淡的香味——好像是老賴身上的香味呢！我想，沒法帶老賴回家，帶點他的味道回來也好。

借著老賴帶來的光，從此成長這條路要更加努力地向前走。

彼岸，不在遠方

思文／文

他的課程，回憶起來，更像是經歷了一場奇妙的旅行，你沒法預測下一秒會發生什麼欣喜的發現，或是難過的傷疤痛點被揭開，你會有好奇有期待，也會害怕，但你仍願意帶著害怕，勇敢嘗試冒險，因為你會踏實地感覺到他一直都在，他會給你很多愛和力量，但他更會教你如何從自己身上找到力量的源泉。

第二次上賴老師的課了。

和上次不同，讓我很意外的是，一直很喜愛他的我，這次課程最後一天，我居然對他生了很大的怨恨，我怨他每次戳我戳得太準太疼太狠了，我不敢面對，想逃卻又覺得無處可逃。所以課程結束前領證書時，我沒有像上次那樣大大擁抱他，只是埋怨地噘著嘴，低著頭，眼睛都不敢看他，我甚至害怕他也會對我的表現失望。而他好像看懂了一切似的，只是學我的樣子，也銜我嘛了嘛嘴，我記得他的樣子很純真，有點頑皮，有些可愛，又好像充滿理解和准許。但當我轉身離開他的一剎那，我突然捨不得跟他分別，感覺很難過，心裡有個聲音在說，我其實是想抱你的啊。

接著助教通知大家，今晚全班同學和老師一起聚餐。平時最最熱衷參加這種大聚會的我，這次居然很想趕緊回家看爸媽，想陪他們吃飯、跟他們聊家常（爸媽之前出差，正好那晚回家）。這想法讓我感覺很溫暖，也意外，因為我之前是很沒耐心跟爸媽吃飯聊天的。走在回家的路上，我突然意識到，這是因為賴老師課上所學的收穫，開始潛移默化起作用了。我感覺到，在我心靈深處很多微小的地方，變化已經悄悄發生。我感覺驚喜，也不由得加快了腳步往家走，很想快點見到爸媽，突然感覺跟他們親近了很多，有很多話想跟他們分享，這是之前從來沒有過的滿滿的感動、幸福。

然後我之前對賴老師的怨恨突然一下子少了好多，轉而是一種感激的情感從心裡升起來。我有些遺憾沒機會表達，但我總感覺他是感受得到的，我覺得這怪老頭什麼都知道。賴老師就是這樣一個用心良苦而又充滿智慧的老師，讓我又愛又恨，有時候我恨死他了，但沒多久我總會愈來愈覺得自己更有力量了，然後又會很感激他很想抱抱他啦。他會用心良苦地把我戳得特別疼，很犀利很精準，但只要我勇敢去面對這個疼，改變就會自然而然發生。原來有時候愈是強大的力量，反而是從愈疼的地方生長出來的。

後來我開始明白，他不會直接給我我想要的東西，而是耐心引導我在我自己身上找到我想要的東西，他願意救我，但更願意教我如何救自己！他的課程神奇在，我甚至很難總結出我都具體學到了什麼知識，但回到生活中，遇到一些相同困難，我心裡會不由自主地升起一些不同的念頭、選擇和可能性。因為他的課不會生硬地教我們一些看似高大的空理論，而是真誠實在地與我們分享他的生命、他的感悟、他的經驗，然後通過很多課堂體驗練習，讓我們用身體真切地去實踐、記住。他說這是身體的智慧，是最奇妙的智慧。課後回到生活中，我會慢慢感覺到很多課上學到的東西，那些不同的東西，它們就像是偷偷地滲透到身體裡一樣，一點一點地發芽、生長、擴散，一切，慢慢不一樣了。

真正的安全感，來自於對自己真實

真正的安全感，來自於自己對自己的真實一致，如果我對自己都不真誠，那我怎麼能做到對別人真心真誠呢？

記得第一天課，他讓大家分好三人小組後，各自跟組員介紹自己——我是誰。當我聽到我是誰這三個字的時候，心裡一下子就慌了，巨大的恐懼突然湧上心頭，我到底是誰呢？

我想過像之前一樣，跟大家炫耀我在工作學習等各個領域的優異成績，但這麼想之後我心裡更虛更慌張了，因為我突然意識到，這些成就都不是我。那什麼才是真正的我呢？拿掉這些光環之後我心裡空空的，很迷茫，原來我真的不知道我是誰啊，還有比這更可怕的嗎？

之後賴老師一語道破，他說我和自己內心失聯太久了，愈靠外在的認可來武裝自己，愈是迷失自己，找不到真實自己。聽了他的點破後，剛開始很傷心，但傷心之餘，又徒增一份踏實，像是找到了方向。接下來的課程練習，我開始有意識地留意身體和心裡的微小感受和變化。對於探索我是誰這個問題，我有了更多好奇心。

後來，賴老師帶我們用身體體驗了各種不一致的溝通姿態互動。全程我都感覺很難受，憋得慌，堵得慌，呼吸不順暢也很累。我開始感受到什麼原因我總是跟朋友們表面顯得很親，其實內心很遠，總是隔著什麼東西。我看到我是怎樣為了維護別人眼中的美好形象，而忽略自己委屈自己。而且通過不真實一致的自己所換來的關係和讚美，都會讓我更心慌和沒安全感，因為我知道別人喜歡的只是我的面具，而不是真實的我。這就像個惡性循環，我以為在關係中，虛假能換來安全感，其實適得其反，於是我陷入怪圈，愈虛假，愈沒安全感，然後愈沒安全感，就愈更虛假。上了課我終於體驗到，原來我是有其他選擇可以讓自己跳出和脫離這個惡性循環的，原來真正的安全感，來自於對自己的真實一致。

我知道我需要很長很長的時間才能慢慢找到關於我是誰的答案，但也許真實的我，就像失散已久的親人一樣，就藏在每個細微的「當下」等待著與我重逢。就像賴老師說的，都在過程裡面。我想，那個真實的我，她也是想念我的吧，她也一定很期待被我看到吧，總是被我忽略，她也一定很委屈和心酸吧。想到這裡，我也對她有了些愧疚。

後來，在學習欣賞認可自己的環節，賴老師讓我們跟不同的學員分別介紹自己作為子女、員工、朋友、父母等各種角色，自豪做得好的地方和感人故事。我又一次不知所措了，我很驚訝的發現，我對自己這方面其實很失望很不認可，原因是我討厭我的自私。我發現每次為親人、朋友做些事讓他們開心時，最底層的動機是想讓我自己高興，而不是像大家分享的那樣，他們是先讓對方開心，甚至犧牲自己的開心去讓對方開心，這我更做不到了。所以每次輪到我分享的時候我都感覺很羞愧，什麼都不好意思講。最後我憋了半天，很羞愧地說，我其實從沒真正為了讓親友開心而去做事，我都是想圖自己開心才會去做，比如我週末起大早陪爸爸晨練，是因為陪爸爸晨練我最開心，陪別人我沒那麼開心，比如我夏天跑到特別遠的地方給爸爸買他好愛吃的肉餅，也是因為想到他吃到肉餅開心的樣子我會特別高興，但對別人我肯定不願意這麼付出。其實我做這些也是期待爸爸因此更愛我。我分享完，其實挺怕賴老師批評我鄙視我的自私的，但是他卻很自然地說：「這沒什麼不可以啊，你對爸爸付出，他更愛你了，你們倆都開心了。這至少是雙贏的事情啊。」

我聽了很感動，也有些恍然大悟，原來我這麼做不是錯的，是可以被理解被准許的。我突然有些接納我的自私了，原來這樣雙贏的自私是有很大好處的！原來這就是欣賞認可自己啊！心裡頓時感覺好輕鬆好坦蕩，原來接納理解和認可自己是可以這麼開心！原來我總是跟外面求認可，是因為我用這樣方式不認可自己，不理解自己。原來我做了好事都不敢認可自己，是因為我對自己有這麼多限制、批判和苛責。

後來講家庭圖的時候，有個從小就沒怎麼見過父親的女同學分享，她最大的心願就是能跟爸爸牽著手逛公園、聊聊天。我聽了後眼淚不受控制地流下。我之前總覺得得到的父愛很少，因為爸爸老是批評我這裡不好、那裡不好，我因此責怪他，也覺得委屈，是他讓我成年後在異性面前那麼沒自信，是爸爸讓我覺得男性眼中的我是有很多缺點、是很不好的。作為一個女性，我得不到生命中第一個男人，我父親的認可，所以我經常去跟外面的異性求認可，用盡各種方法，甚至傷害自己也樂此不疲。我以為我在填補童年的缺憾，那個心裡的大洞。可是這次在課上我突然發現自己是多麼可笑，那個我以為很大的洞，其實根本不存在！我開始感受到，我不是得到的父親認可太少，反而是很多很多！但是我很少去看已經得到的東西，總是揪著沒得到，而其實些所謂的沒得到，只是沒有按照我想要的方式給我，我就自動解讀為沒給我、沒得到。

在賴老師的指引下，我看到我爸爸的方式是行動。哪怕有代溝，他不太認同我一些作法時，甚至在看到我的不足的時候，仍一如既往地關心我，掛念我，牽掛我，有什麼好東西都第一時間想分享給我，帶我去體驗。一個人在知道我有那麼多缺點的情況下，仍然不求回報的用實際行動對我好，這不就是最高的認可嗎？

原來不擅長講甜言蜜語的爸爸，是一直在用行動告訴我，在他心中我一直是被認可被接納，我是值得愛的！

當下，就是最好的時候

真相，需要我一層一層揭開，真相，不一定是我小時候看到的那一小部分，真相是個多面的整體，它有無數個側面，需要我站在不同角度重新觀看。

從小我最大的恐懼，就是媽媽隨時會拋棄我。讓我堅信不疑的證據是，媽媽的口頭禪是「你再怎麼怎麼樣（犯錯），媽媽就不要你了」，這對我來說太可怕了。長大後，這種恐懼蔓延到我身邊所有人身上，我覺得只要犯錯，身邊每個人就都不要我了，於是我在所有關係中都小心翼翼，不敢犯錯，更不敢表達感受和需求，因為怕會惹對方不高興。漸漸的我也不敢去看自己內心的真實想法了，這也是我在各種關係中總是感覺惶恐又憋的原因。最可怕的是，像賴老師指出的，我會很鑽牛角尖地時刻求證對方是愛我的，這讓我自己也很累，但我把這一切都怪到媽媽頭上，覺得是媽媽害我活得這麼害怕。直到這次上課，我嘗試換個角度追根溯源，這個所謂的被媽媽拋棄，它真的存在嗎？

老師讓大家把家庭圖裡的故事講給同學們聽的時候，我驚訝自己講出的卻是，從小愛把「再犯錯就不要我」掛在嘴邊的媽媽，是如何以行動表達，一次次陪在我身邊！原來媽媽從來沒有拋棄過我，哪怕是我讓她特別生氣的時候！

後來結合冰山部分老師的引導，我開始看到媽媽說「不要我」，她跟我一樣也害怕，也傷心，甚至束手無策，不知道該怎麼辦才能把我教好。當我嘗試做冰山之彼的媽媽那部分時，我聽到我小時候，媽媽雖然嘴上說的是「你再犯錯媽媽就不要你了」，但她心裡想說的話卻是「我女兒再不聽話，我也永遠不會不要我女兒啊」！

就像課上的核對練習，我們說的每句話背後都有至少三個意思。如果是我自己都沒覺察、沒表達清楚某句話背後真正想表達的那三個意思，又怎麼能怪別人不懂我，不理解我呢？就像我期待爸爸能在口頭上讚美我認可我，我期待媽媽不要拿拋棄我來嚇唬我，但我也從沒清楚地跟爸媽表達過我的期待，只是一味認定他們愛我就應該懂我，哪怕我不說他們也應該懂，所以我不說而他們沒做到我想要的，就等於他們不愛我，不懂我。

我需要這樣重新去看待的東西還有很多，甚至是全部，我堅信所有不同的看見都會影響我以後做出不同的選擇，讓我的生命更豐富多彩。這過程中也許還有更多的痛等著，但值得慶幸的是，我知道能為自己做的，遠比我以為的還要多。這就足夠了，我知道我願意去做，因為永遠都不會晚，因為每個當下，都是最好的時候。

寫到這裡突然不知道怎麼收尾了。也許因為感覺賴老師課上的收穫，就像漫漫人生路一樣，源源不斷，沒有結尾，就像他說的，一切都在過程裡。跟上次課最大的不同是，我仍然完全信任他，但我懂得了，完全信任對方，絕對不同於我要你對我負責任。真正的信任，建立在獨立的基礎上，我願意在生活中嘗試他教我們的東西，至於效果如何，這是我能對自己負責的部分，我猜這也是他最想看到的，我相信他是信任我的。

賴老師說，彼岸不在遠方，而是我們走的每一小步都是我們的彼岸。我想，每次當我努力嘗試對自己負責任去行動時，每當我為自己做的每個微小的努力，我都是在為自己創造我自己的彼岸吧。

彼岸，你到底在哪裡呢？如果我們終其一生苦苦追尋的東西，它就像家人的愛一樣，不在遠方，而是一直都在我們身邊從未離開，並且靜靜的等待我們去發現呢？

賴老師說，這是你自己的生命，我會陪你，教你，但我不會對你負責，因為只有你能對你自己的生命負責。

我想彼岸不在外界，彼岸就在我自己身上，我就是我自己的彼岸。

為自己出征

Jane／文

此刻，我坐在巴士上，深秋涼意已濃，車內暖意融融。

車窗外的樹木快速後退，將黃未黃，要綠已不那麼綠的樹葉，在陽光的照射下，有浮光掠影之感，令人分不清現實和回憶。

而過往如碎片般浮現，每個碎片串聯在一起，是那麼清晰的內在歷程，在這個歷程裡，我自己都不知道，我不惜一切代價，去要自己想要的，甚至於嘗著過度自我中心帶來的苦果而不自知，是賴老師一次次帶我看到真相，我發生一次又一次的變化，心中是對賴老師的感激和敬重，那樣的情愫，有父親的威嚴和愛，有師長的教導和慈心，有朋友的理解和溫暖，我分不清那是什麼，因為太多，不以盡數，但是就是那麼神奇地在這七個月的時間裡，深入引發我生命中各種關係持續性改變，讓我進入新的人生歷程，更加深入了解自己，了解到自己的有限，看到自己的脆弱、悲傷、無助，去關照自己真正的需要，每當我想起，眼淚就會湧出，在一次次的流淚中，我漸漸療癒。

以有情之心 斬斷無情輪迴

第一次上賴老師的課，是在四月份，回想那個時候的自己，裹著一身厚厚的盔甲，看似堅強，其實盔甲內藏著一顆受傷、孤獨的心，時刻處於保護自己的狀態，往往對方還未出招，我就先扔出劍去，自己倒楣，別人受苦，還認為是在保護自己。然而對於這種狀態，我並不自知，還沾沾自喜，自以為無所不能，結果第一回合，正式開課十五分鐘，就被賴老師抓了個現形。

三人小組討論時，賴老師在我身旁走過，問我：「你常常喜歡不假思索給人建議嗎？而這個建議也並不是你仔細思考後的結果？」當時的我，像被電擊一般，滿臉發燙，不知所措，但是我很快掩飾自己的窘態，準備解釋，確切說是狡辯，賴老師說：「別著急，不要那麼急著給答案。」留下滿臉尷尬的我，他氣定神閑地走開了。

就是這樣的一問一答，引發我整整一個下午的身體反應——不停打嗝，內在情緒積累的氣節被引動，促使我開始帶著意識向內看的思考。

我常常喜歡給別人建議，已經成為我的慣性反應模式，我發現內在真正的需要是渴望被看到，被看到就意味著有機會，有機會就可以證明自己是好的，值得被愛的，這樣就可以活下去。這樣的模式是我童年時期求生存的模式，父親去世後，我不斷被拋棄，如果我是夠好的，夠乖的，有能力的，可以幹活的，不為任何人惹麻煩的，有所貢獻的，才能被看到，才是有價值的。給建議是想辦法，也是體現價值的一種，會得到認可，作為一個小孩子，我什麼都沒有，我貢獻了我所能做到的。這樣就有人願意撫養我，我不會是孤兒，我會有家，可以活下去。當這樣的無助和脆弱被發現時，我理解了我自己，我去體會自己，給建議時，我是忽略了自己和對方的感受的，只想要表達出來我知道的，我懂的，沒有安住在當下，當然也缺乏了對對方的傾聽和感同身受。

這樣的發現，令我在以後與人的互動裡，更多一份覺察，去聽，去看，去感受，而不是著急著給建議，於是我放鬆了。

課程結束了，餘波還在，因為我外在堅強的面具被摘下，我看到自己的脆弱，願望落空的失落和無助，回到內心深處，不回避，不企圖逃脫，不攻擊，開始慢慢卸下身上的盔甲，一層一層，剝的時候，有痛，更多的是解脫和輕鬆，那是真實的自己被看到，而不是裹著一層又一層的盔甲的我，被當做是真的我。漸次變得柔軟，生出謙卑之心，覺察在生活中對待孩子，老公和朋友的方式，變得溫柔和包容。

關係中的因果債，和固有模式難以轉化而出現的負面情緒迴圈，就這樣被賴老師的有情之心斬斷，通過打破我的固有慣性模式，我發現真實的自己，得以回到內心深處，與那些未竟的創傷共處，就能理解內在真相，我想真正帶來轉化和改變的，是看到真相這個途徑吧！其他的方式，都是一些撫慰和宣洩罷了。

我打破盔甲，慢慢走上真實，自由。

謙卑

我唯一知道的是我一無所知

四個月過後，來到了八月第二次課程，我帶來個案請賴老師督導，因為當時對這個個案傾注了很多的心思和精力，也有一些自己想要去的方向，迫切希望賴老師可以給出我想要的答案。

僅僅是這段內心描述，我就看到自己的模式——想要到自己要的，還期待別人給答案，給自己想要的答案，抓住自己想要的，這樣子可以讓自己覺得安全。就是這樣充滿了欲念的習氣和強烈的不安全感，驅使我在課堂上和賴老師「作對」，一定要到自己想去的方向，固執的不配合老師。賴老師看到我在諮詢中的問題，教我如何做一個真正的助人者。這樣的良苦用心我看不到，沒有要到自己想要的挫敗感和受傷的感覺衝擊著我，自大地認為自己是對的，依然不配合老師，還有對老師的憤怒。儘管這樣任性和無明，也惹賴老師生氣，他還是完成對個案的督導。

這對我意義重大，讓我在課程結束後，迅速調整方向，與案主又有了新的連結。想起來，對老師很抱歉，老師教會我學會平和的交流互動，學會愛與被愛，把自我中心傾向減輕，學會謙卑和臣服。

這個老頭兒，他是魔法師嗎？他會點石成金嗎？還是他手中有觀世音菩薩的玉淨瓶楊柳枝，可以化干戈為玉帛？我不知道，我唯一知道的就是他就是那麼的真實和豐富。

我已經開始期待第三次和他的遇見了！

從怨恨到接納

俞崎／文

父親走了，三年前平靜地辦完父親的後事，卻不知為啥沒有眼淚。直到一個人靜靜地坐在父親的遺像前，才突然感到一股悲痛湧上心頭，淚水撲簌簌的淌落下來，不停……那一刻才覺得父親真的走了。

父親在我的記憶中，只有很少的點點滴滴。一九七六年唐山大地震當晚，北京家裡的燈突然亮起，朦朧中我被父親用毛巾裹挾著抱出了家門，之後，我只記得那個夏天住抗震棚的遊戲和開心，四歲才從上海姨丈姨媽家中回到父母身邊，加上父親只能每週從城裡回家一次，所以父親在我的兒時記憶中是模糊的，我只有在考試不好時，才會期待父親在家，那樣我就可免遭媽媽的打罵。因為父親從來不會打我，只會在考卷上簽下他雋秀的名字。於是我也開始慢慢地模仿他的字體。

父親在家永遠是勞動者，而且是默默的。在媽媽面前是聽話照做的那一個。他一輩子掙的錢從來沒有多過媽媽，退休後更是如此。媽媽一直是家庭的主宰者。懦弱和自卑是我對他的評價，從上初中開始，我就和他對抗，從來不願同意他的觀點和說法，我們就是一對冤家。我心裡真的看不起他。但是他在其他人眼裡卻是一個大好人，所有的叔叔阿姨都讚揚他的耐心和善、勤懇耐勞，他曾是北京市的勞動模範。不管他人怎樣講，我都不要像他一樣懦弱無能。從大學開始打工獨立掙學費，自己找工作，冒險做期貨掙錢，自己買房，結婚後徹底離開家。

可是問題似乎在結婚後出現了，我在自己的家中重複了父母的迴圈，一個懦弱自卑的我面對強勢好強的前妻。我無法忍受前妻，更無法忍受自己的懦弱無能。於是我逃離了婚姻，就如同逃離我的原生家庭一樣。婚姻就這樣解體了。一夜回到解放前，我幾乎一貧如洗。

婚姻的解體讓我更加怨恨，是父親懦弱自卑的個性讓我變成這個樣子，我拚命尋找解決辦法，選擇了保險行業，在最艱苦的行業磨練自己，我要成為一個能擔當有能力的男人。生活工作的壓力讓我幾乎要扛不下去了，那份辛苦、心苦只有我自己知道。

改變是從賴杞豐老師的薩提爾體驗工作坊開始，二〇〇八年兩階段的工作坊讓我從心底開始看到了希望，從開始感受自己的感覺開始。課程結束後的大半年，我變得沉默孤寂，大量閱讀心理學、佛教等方面的書籍，開始迷戀上薩提爾這門學問。

生命就像抽絲剝繭一樣開始蛻變，但並非一蹴而就，我再次經歷了兩次戀愛的失敗，痛啊！痛得我決定一個人獨自走完餘生。而這些年來，賴老師一直用愛關注著我，用生命陪伴著我。

五年前父親病倒了，臥床了。身為家中長子的我自然而然回到家中，協助媽媽照顧臥床的父親。一次與即使病重也依然倔強執拗的父親爭執後，我跑出家門，砸碎了幾個啤酒瓶，破口大罵。在遊蕩平靜後，我決定回去和父親好好聊聊，我想知道爸爸曾經的人生。那次我和爸爸聊了很久，解放前父親清苦的童年，嚴厲的爺爺要養活十一個孩子，父親是如何努力奮鬥考入清華大學。文化大革命中的可怕經歷，在父親的眼裡依舊充滿恐懼。慢慢的我開始了解爸爸的生命歷程是那麼不容易。他對媽媽的寬容和耐心，對我和妹妹的照顧，對外婆的孝順。現在他老了，臥床了，再也不能每年春節為全家做年夜飯了。

三年前父親走了，就這樣走完了他最平凡不過的一生。

而我還要繼續我的人生。骨子裡的懦弱和自卑，被我外表的傲氣與清高所掩飾。我如何面對？今年我終於決定面對我的難題，八月老爸（我對賴老師的稱呼）在台灣的家庭重塑課程，我提出了這個議題。機緣巧合之下，我在同學的相似案例中扮演她的弟弟，在整個家庭重塑中，我重新體會了兒時與父親的衝突，當案主對父親痛述她的不滿怨恨時，我心中的怨恨也一下子得到了釋放。我真正開始接納懦弱和自卑也是爸爸留給我的生命禮物，如同他教會我堅韌、耐心、博愛、友善、好學、正義、自立和孝順等等。此刻的我一下子變得不那麼自傲了，不那麼自卑了。敢去面對壓力去承擔，並做一個自信負責任的男人！

這是一個怎樣的歷程啊！從第一次上老爸的課程，到今天完成這樣一個蛻變，那點點滴滴，都是我的禮物！

路還長，我還要一步一步踏實地向前走，去經歷每一個蛻變。

未完待續

藍彥／文

二〇一六年一月，跟著賴老師學習的八天，我收穫了太多太多。

首先我看到了一位真實的人，一位有人格魅力的人，一位用每一個細胞去體驗生命、用生命去陪伴別人的導師。

賴老師讓我體會什麼是身教，我感受到的是他像父親一樣教導我如何做自己、如何對待別人。

從前的我，怨氣特別大，父母對不起我，老天對我不公平，彷彿全世界都欠我，我陷在悲傷、怨恨、依賴、孤獨中無法自拔，十分暈眩。這時，有一個強有力的聲音：「停」、「做」進入我的身體，烙印在我的腦裡、心裡，甚至每一滴血液裡。沒有經歷過的人是無法體會這股力量帶來的感受，我不僅能體會到這股力量，還能體會到自身有股力量慢慢升起。

說得這麼玄乎，如果沒有具體事例，顯得像吹牛，下面說說學習結束後我遇到的事情和我應對方式的變化吧。

我和父母的關係一直不太好，原來對待母親像把利劍，母親的炸彈一爆，我焦慮、恐懼、慌亂，劍馬上就拔出來了，到處亂捅，對老公指責，對媽媽批評，對爸爸怨恨，對孩子失去耐心，對自己失望、後悔。雖然我也學了一些心理學的知識，懂了很多道理，可是我總是指責和怨恨，對別人還有太多的期待。

一天，母親因為家務瑣事情緒波動很大，人快要瘋了，罵了這個罵那個，誰都對不起她，她是受害者，那聲音震耳欲聾，像要把屋頂都掀翻一般。我看可憐的父親一言不發，默默地離開，出門的時候看我的眼神帶著無奈、絕望和無力感；我的老公也一言不發，但臉上寫滿了不滿和厭惡；孩子裝作沒事人一樣，邊說邊玩，可我感受到的是遮蔽了自己。這種感覺真的滿崩潰的，在我媽媽快要氣瘋了罵完我後，緊張、憤怒、恐懼感充斥全身，以前，這種感覺久久不能散去，壓著我什麼都做不了，可這次，我體會到這個感受之後，反而給她回話過去簡單安撫，但作用甚微，之後我獨自一人拿起畫本，畫起了冰山圖，有點亂，不太好進行下去，停了一會兒繼續探索，之後稍微平靜一些。

後來我直接面對母親，以前我是不會這樣處理的。

我告訴她：「我理解你，但你這樣的方式我無法接受，你想讓我做什麼直接說，我會幫你做。」她還是一直罵，說養兒女沒用，還不如外人。要是以前，我聽了這話特別傷心，不是回罵她就是乾脆走掉。這次，我先問清她想要我做什麼，了解後我一邊幫她做她想讓我做的家務，一邊說：「請你看看我們為你做過的事情，你總是罵我們，難道真想讓我們都離你遠遠的？我知道你覺得苦，覺得自己承擔很多，可是我們也有自己的事情，有時不能猜到你的心思，也希望你理解一下，我得照顧孩子，照顧自己的家，還想照顧你們二老，我能力有限，我在努力學習，媽，我已經很努力了。」我一致性地表達了自己，可能措辭或者語氣還有欠缺，但這是我人生跨出了一大步，我終於能夠比較平靜地理解她並真實表達自己。

這時我老公和三歲的兒子進來了，老公默默地陪著我做了事後，要帶孩子回家，但孩子願意陪著姥姥，以前的我不會同意，總是特別生氣非要帶孩子回家，但這次我接受也尊重孩子想法，很自然地告訴老公：「孩子願意在這兒，就尊重他吧。」

關心，不干涉

回到家後，我們開啟了一段談話。

我先起的頭，老公訴說了他的不滿，在我的理解和傾聽下，老公說了很多很多，我能體會老公在遭到我母親指責時的心情，我靜靜地感受他說的內心衝擊，我陪著他一起看到他對我母親的不滿根源在於「尊重、人格平等和自尊心」上。

這個過程中，我同時在觀察自己，我害怕、傷心，也有期待、理解，以前的我容不得他這樣想，學了一些心理學後更是急於解決矛盾和問題。

這一次，我不著急了，矛盾解不解決不重要，重要的是我眼前這個男人，他自尊心受傷的那種悲傷難過無力等等感覺，讓他變得有很多憤怒卻發洩不出來，似乎他一有這種感覺就捂住了嘴巴、鼻子、眼睛和耳朵，讓自己密不透氣，這種無法宣洩才讓人覺得窒息。

我落淚了，他看到我哭了，他說：「老婆，我知道你跟我受委屈了。」我好難過，我說：「老公，我很難受，以前對你太過分了，我不斷地踩著你壓著你，彷彿這樣我才有價值、有自尊。其實我很脆弱也很害怕，因為你很優秀，你所做的一點一滴，以前我沒看見，現在我擦亮眼睛看得真真切切，你雖沒給我房子車子，但你給了我這世上別的男人給不了我的東西，只有我自己知道，你給我的對我來說有多重要。老公，謝謝你還願意寵著我這個蠻橫不講理的女人。」

我發現，當我真正理解和尊重老公時，他的表情釋然很多，放下很多，輕鬆很多，這時的我輕鬆、愉悅、自在。我允許，允許自己發生的一切，允許老公有怨恨，允許孩子疼姥姥，允許父親採取回避的方式面對矛盾。

內心平靜下來時，我給媽媽發了微信，告訴她我知道她的痛苦、矛盾、糾結等等感受，媽媽有史以來第一次很快回復我，語氣緩和了很多。

接下來，母親情緒好很多，可是父親卻像被一座大山壓著一般。我看著心痛，父親一天沒怎麼吃東西，在外面遊逛了一上午，中午不知去哪兒。以前，我會討厭父親這樣，默默罵他沒有勇氣面對，但我一樣沒有勇氣面對他。那天我主動傳微信給父親，找個藉口讓他來我家吃午飯。父親很頹廢，飯沒吃幾口，待了一會兒就要走，我也不知該說什麼，內心充滿了悲傷和無奈。晚上我坐在電腦前發了好一陣呆，體會著內心的感受，特別複雜。這時，「做」的聲音出來了。對，我得做點什麼。去三角化，我可以關心我的媽媽，關心我的爸爸，但不干涉他們的關係。

如何單獨關心，我拿起手機，給父親發了微信，告訴他，我對他的理解和關心，告訴他，我沒辦法代替我的母親，我此刻能做的是陪他聊聊，讓他說說心內的苦悶。他話很少，只說他沒法活了，這時我告訴他我愛他，我雖不能做什麼，但心裡有他。他說他只能認命，我告訴他我不認命，我相信會慢慢變好，我要他給我一個長壽的父親，因為父親就是我的精神支柱。說完，我覺得他好像鬆了一點點，我給他發了一個大大的紅包，逗他開心一下。

回想這兩天的歷程，也不知自己是怎麼做到的，但我就是做到了。可能不夠完美，但是只有我知道其中的不容易，只有我知道自己邁開多大一步。我為自己豎起大拇指讚一個。

繼續努力，未完待續。

我們都已上路

玉言／文

幾百人的大課不是我要的，名聲與地位已經不是我的重點。我只想在十幾二十人的小團體中，讓你們有更深入的覺察和體驗，我會陪伴每一個有緣人，陪伴你們走過生命中艱難的歷程。

——賴杞豐

我和誰都不爭
和誰爭我都不屑
我愛大自然
其次就是藝術

我雙手烤著生命之火取暖
火萎了
我也準備走了

英國詩人沃爾特・蘭德（Walter Savage Landor, 1775-1864）暮年寫下這首題為〈生與死〉的小詩，楊絳曾將它翻譯成中文，呈現出一種從容、睿智、淡泊的人生態度。

而這些天在賴杞豐個人成長工作坊中，我也感受到了這樣的情懷。

課程結束時，賴杞豐生命家園統籌于露老師對學員說：「你們這個班可以稱得上VIP頭等艙了！作為跟課八年的我都很羨慕你們，因為人少，處理的深度和細節都是之前少見的，你們太幸運了。」

這的確是賴杞豐生命家園首次通過自己的平台組辦的課程，本著賴老師一直以來的期待「不求多，只幫有緣人」，辦得小而精。全程十一位學員、一位助教。

在一階段結束的最後一堂課，賴老師說道：「謝謝你們對我的開放和接納，你們也讓我有很多的學習。我不需要做幾百人的大課，名與利對我來講已經不是重點，我希望在我剩下的生命中做點自己能做的事。我只想在十幾二十人的小團體中，讓你們有更深入的覺察和體驗，我會陪伴每一個有緣人，陪伴你們走過生命中艱難的歷程……」

在老師的哽咽中，我也看到了這位聞名已久的薩提爾名師的情懷。他慈悲、真實、犀利、謙卑，心有大愛且虛懷若谷，洞悉世事又嬉笑人生。

他真的不是在講授知識，他的所學所獲似乎已經溶入血液中成為他身體的一部分，活靈活現，信手拈來。除了充滿洞見的語言，還有極其形象、精準的肢體動作和表情，學員就在他的嬉笑怒罵中看見自己。

他的敏銳與細膩，常常讓學員們恍然大悟，驚嘆不已。他留意著學員的語言、動作和細微的狀態變化，尤其語言，可能學員一句不經意的句子甚至是用詞遣字，他都能細膩地捕捉到其間傳遞出來的信號。

學員T在做完薩提爾家庭雕塑之後表達：「我覺得媽媽一直拉著我，我好累。」

「拉著媽媽褲腿的人難道不是你嗎？」

「是因為我覺得她需要我，所以我才拉著她。」

「所以你在現實生活中也是這樣對待你身邊的人，好像覺得對方需要所以你付出，但你又會反過來抱怨對方……」

T本想反駁，但低頭幾秒後突然瞪著驚訝的眼睛，連忙點頭認同，「是這樣的。」他的慈悲與「狠毒」，讓人又痛又愛。他全然地接納每一個生命，因為他深知每一個生命都不容易，更知道只有面對真相、自主改變，我們才能跨越生命的這些痛苦，得到真正的安寧。

在面對一個習慣把責任推給他人，而自己總是扮演楚楚可憐的受害者的柔弱女學員M，老師犀利地說：「你很壞！你總想用你的楚楚可憐給人家挖陷阱，這樣你就可以抱怨別人了。」在一個缺乏行動力的學員滔滔不絕地說著自己上課的收穫，以及接下來要怎麼做的時候，老師毫不留情地問：「這樣的演講，要到什麼時候才能真正去做？」

就在這般毫不留情的犀利之下，學員們開始正視自己逃避已久的真相，思考自己可以如何改變。

「這四天我看清楚了自己生活中很多問題的根源，看到了很多行為底下自己都意識不到的東西，也清楚了一些應對的方式和選擇，我知道該怎麼調整自己了……」

「今天我才發現，這麼多年來我只有太陽穴以上的大腦，而太陽穴之下的部分只是一個軀殼，甚至只是一個符號，我忽視自己太久了……」

「我上過很多心理學的課，但從來沒有像這四天這麼累、這麼開心過。我看到了自己總是習慣編造悲慘故事騙別人更騙了自己，我決定要開始學會為自己的生命負責任，感謝老師的用心，感謝大家的陪伴。」

還有更多更多……

十一位學員，從第一天每個人都帶著自己的議題和困惑進入這個教室，漸漸地，他們彼此敞開，彼此學習和鼓勵，儼然成為了親密的家人。每一個人都在這個教室裡坦露自己的脆弱、不堪、陰暗和痛苦，也是因為這份勇敢的坦誠，他們才能彼此照見和啟發。

比如Z先生，他面臨著即將破裂的婚姻與家庭，在課程的練習和對話當中呈現出一個懦弱、虛偽、自以為是的形象，在老師的引導和同學的鼓勵下，他在第四天的課程中痛哭流涕，說出了真實有力的話，讓在座的每一個人都感動又欣慰。

這也是家庭治療的神奇之處吧，你可以在這個人身上看到自己的軟弱、逃避、不負責任，在那個人身上看到自己的虛偽、自卑、恐懼，而藉由他們在治療中所做出的思考和改變，也給了自己一份思考、力量和希望。

短暫的四天，有學員的內在發生了巨大的攪動和變化，也有學員還在覺知自我之後緩衝，但不管或大或小的變化，我們都已上路。

感謝這位漂洋過海來講學的老師，讓一個個靈動的生命帶著勇氣、愛和希望，繼續前行。

延伸閱讀

- 《改變自己的藝術：22則讓生命轉彎的哲學練習題》（2019），哈洛德·柯依瑟爾（Harald Koisser），商周出版
- 《童年情感忽視：為何我們總是渴望親密，卻又難以承受？》（2018），鍾妮斯·韋伯博士（Dr. Jonice Webb），橡實文化
- 《找一條回家的路：從跟家庭和解出發，再學會修復自己與關係》（2015），洪仲清、李郁琳，遠流
- 《愛與自由：家族治療大師瑪莉亞·葛莫利》（2015），瑪莉亞·葛莫利（Maria Gomori），張老師文化
- 《每一天練習照顧自己：當我們為自己負起責任，就能真正放手，做自己》（2014），梅樂蒂·碧緹（Melody Beattie），遠流

- 《與人接觸》（新版）（2014），維琴尼亞・薩提爾（Virginia Satir），張老師文化
- 《心的面貌》（2014），維琴尼亞・薩提爾（Virginia Satir），張老師文化
- 《尊重自己》（新版）（2014），維琴尼亞・薩提爾（Virginia Satir），張老師文化
- 《不完美的禮物：放下「應該」的你，擁抱真實的自己》（2013），布芮尼・布朗博士（Brene Brown Ph. D.），心靈工坊
- 《小大人症候群：重塑我的家，拾回完整自我》（2013），約翰・弗瑞爾博士（John C. Friel, Ph.D.）、琳達・弗瑞爾（Linda D. Friel, M.A., C.C.D.P.），心靈工坊
- 《大象在屋裡：薩提爾模式家族治療實錄1》（2013），瑪莉亞・葛莫利（Maria Gomori），張老師文化
- 《越過河與你相遇：薩提爾模式家族治療實錄2》（2013），瑪莉亞・葛莫利（Maria Gomori），張老師文化
- 《教我如何原諒你？》（2011），珍妮絲・亞伯拉罕・史普林博士（Janis Abrahms Spring, Ph.D.），心靈工坊
- 《心靈的淬鍊：薩提爾家庭重塑的藝術》（2009），瑪莉亞・葛莫利（Maria Gomori），

張老師文化

- 《薩提爾成長模式的應用》（2008），約翰・貝曼（John Banmen），心靈工坊
- 《跟薩提爾學溝通》（2006），維琴尼亞・薩提爾（Virginia Satir），張老師文化
- 《薩提爾治療實錄：逐步示範與解析》（2001），維琴尼亞・薩提爾（Virginia Satir），張老師文化

心靈工坊 PsyGarden

Caring 093

與自己相遇：家族治療師的陪伴之旅

賴杞豐—著

出版者—心靈工坊文化事業股份有限公司
發行人—王浩威　總編輯—王桂花
特約編輯—周旻君　責任編輯—黃心宜
內頁排版—龍虎電腦排版股份有限公司
通訊地址—10684台北市大安區信義路四段53巷8號2樓
郵政劃撥—19546215　戶名—心靈工坊文化事業股份有限公司
電話—02）2702-9186　傳真—02）2702-9286
Email—service@psygarden.com.tw—網址—www.psygarden.com.tw

製版・印刷—中茂製版印刷股份有限公司
總經銷—大和書報圖書股份有限公司
電話—02）8990-2588　傳真—02）2990-1658
通訊地址—248新北市五股工業區五工五路二號
初版一刷—2019年1月　初版三刷—2020年3月
ISBN—978-986-357-140-7　定價—380元

國家圖書館出版品預行編目資料

與自己相遇：家族治療師的陪伴之旅/ 賴杞豐著. -- 初版.
-- 臺北市 : 心靈工坊文化, 2019.1
面； 公分
ISBN 978-986-357-140-7(平裝)

1.家族治療 2.心理治療

178.8 108000121

心靈工坊 PsyGarden 書香家族 讀友卡

感謝您購買心靈工坊的叢書，爲了加強對您的服務，請您詳塡本卡，
直接投入郵筒（免貼郵票）或傳眞，我們會珍視您的意見，
並提供您最新的活動訊息，共同以書會友，追求身心靈的創意與成長。

書系編號—Caring 093　　書名—與自己相遇：家族治療師的陪伴之旅

姓名　　是否已加入書香家族？□是 □現在加入

電話 (O)　　(H)　　手機

E-mail　　生日　　年　　月　　日

地址 □□□

服務機構　　職稱

您的性別—□1.女 □2.男 □3.其他

婚姻狀況—□1.未婚 □2.已婚 □3.離婚 □4.不婚 □5.同志 □6.喪偶 □7.分居

請問您如何得知這本書？
□1.書店 □2.報章雜誌 □3.廣播電視 □4.親友推介 □5.心靈工坊書訊
□6.廣告DM □7.心靈工坊網站 □8.其他網路媒體 □9.其他

您購買本書的方式？
□1.書店 □2.劃撥郵購 □3.團體訂購 □4.網路訂購 □5.其他

您對本書的意見？
□ 封面設計　1.須再改進 2.尚可 3.滿意 4.非常滿意
□ 版面編排　1.須再改進 2.尚可 3.滿意 4.非常滿意
□ 內容　1.須再改進 2.尚可 3.滿意 4.非常滿意
□ 文筆／翻譯　1.須再改進 2.尚可 3.滿意 4.非常滿意
□ 價格　1.須再改進 2.尚可 3.滿意 4.非常滿意

您對我們有何建議？

□本人同意＿＿＿＿＿＿（請簽名）提供（真實姓名/E-mail/地址/電話/年齡/等資料），以作為心靈工坊（聯絡/寄貨/加入會員/行銷/會員折扣/等之用，詳細內容請參閱http://shop.psygarden.com.tw/member_register.asp。

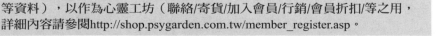